喜びと出会う
とっておきのおはなし

ギュンタ・ケルクマン

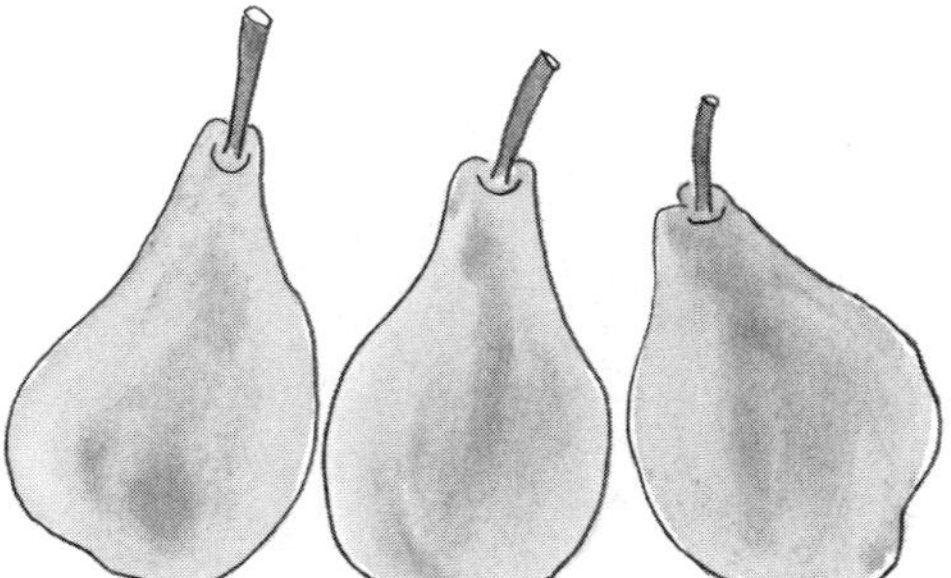

ドン・ボスコ社

＊本書は「カトリック生活」誌二〇一四年四月号から二〇一八年六月号までに掲載されたギュンタ・ケルクマン神父の連載より抜粋、再構成したものです。
なお、本文中の聖書引用個所は『聖書　新共同訳』（日本聖書協会）によるものです。

目次

まえがき

山岡三治（イエズス会司祭）

「喜びと出会う　とっておきのおはなし」はケルクマン神父が毎月『カトリック生活』誌に寄せていたエッセイのタイトルで、本書でもそのままタイトルになっています。神父はシリーズ最後の原稿（五十一回目）をちょうど提出した直後に帰天したのでした。「次は何を書こうか」と思案していましたので「話題はまだまだたくさんあるみたいだし、ずっと続けられたらどうです？」と提案しましたが、まさかこんなに早く帰天するとは思いませんでした。

タイトルは彼の人となりをよく表していました。彼自身が「喜び」でしたし、楽しい「おしゃべり」の司祭でした。話をすることが大好きで、皆が忙しい朝食の食卓でも、話が終わらないのです。それで、こちらとしては交代で聞き続けるというような有り様でした。お話はヨーロッパの教会や歴史、日本での学校や修道会の経験など、盛りだくさんで、実務的な経験も多く、聞き漏らしたくないものばかりだったのですが仕方ありません。筆者は途中で席を立ち、急いで皿を洗っては、部屋を整理して仕事場に向かったものです。

思い起こせば、ケルクマン神父と出会うこと自体が非常に稀なことでした。はるか遠くのドイツから、日本人とともに生きるために来られたのでした。宣教師として日本へ出発するとき、周囲のドイツ人神父たちからは、「特別に優秀な司祭だけが日本に宣教に行くのに、君はなぜ？」と言われたそうです。すごくうれしそうに、いく度も話していました。日本で宣教師として働くことの喜びがあふれていたのでしょう。もちろん、彼の才能も非常に豊富で、今までのどんな任務も立派に遂行してきたことはだれでも認めるところです。

彼はイエズス会岐部《きべ》修道院（七～九名の司祭たちが共同生活）の頼りになる「副院長」であり、家の管理や物質的な必要に応えてくれました。家の面倒な会計や契約会社との交渉、他のメンバーの会計や年金等の役所関係の仕事も快よく代行してくれていました。数字ばかりで頭を抱えていた筆者にも「心配いらないよ。全部私がやってあげます。数字は嫌いではないから」と言ってくれていました。

それゆえ、急逝したときの私たちの動揺は大きく、とにかくどうしたらよいか、何がどこにあるかぜんぜんわからずに困ったものでした。残された会員で副院長の仕事を分担してみて、修道院でどれだけ多くのことをしてくれていたのかと、あらためてその多さに驚き、感謝しました。

過去には理事長、院長、校長などの要職を長い年月担当し、たくさんの経験をもった神父がけんそんに副院長という隠れた仕事を行うだけでも尊敬に値します。しかもそれに加えて、聖イグナチオ教会で国際的な仕事（国際結婚や結婚講座、外国人グループなど）をたくさん引き受けていました。そして『カトリック生活』などの連載。かぞえあげたらきりがないでしょう。すべて忠実に、しかもドイツ人らしく着実に行っていたのでした。なかなか彼のようにはできません。

そんな、仕事の重さや多さに愚痴を言うことなく、嬉々として毎日を過ごしていたことにも驚いています。彼にとって、とくに最後の一年は宿願の司牧生活をすることになり、とりわけ幸せそうでした。彼の生涯を振り返ってみますと、いつも人々と喜びを分かち合うことだったと言えるでしょう。

なお、末尾ながら、星野和子さまに心より感謝いたします。ケルクマン神父の長い連載中に執筆の手伝いをしていてくださったのみならず、本書もご尽力をいただいて上梓できました。ケルクマン神父および岐部修道院一同にかわって深く御礼申し上げます。

ギュンタ神父さん、私たちが喜びの生涯を最後まで送れるように主のふところから祈ってください。アーメン。

ギュンタ・ケルクマン神父

1942～2018

一緒にイエスさまに会いに行きましょう!

はじめまして。ギュンタ・ケルクマンです。私が生まれたのは、北西ドイツのハルテルンという町です。とても小さな町ですが、二千年前、つまりイエスさまが生きていらした時代にローマ人が城砦を造ったという歴史のある古いところです。ケルクマン家はそこに何百年も前から住んでいます。ちなみに「ケルク」はドイツ語で「教会」、「マン」は「人」という意味です。我が家は昔から教会の隣に建っていたのです。そしてケルクマン家は皆、生まれながらにして「教会の人」というわけです。

私は生まれたばかりのとき、一つの問題を抱えていました。舌が唇の下についていて、泣くこともミルクを飲むことも困難だったのです。幸い手術で治すことができましたが、ある人は「その手術は失敗だったようだね」と言います。なぜなら、とてもおしゃべりになってしまったからです。しかし私は、のちに言語学を専攻して六カ国語を学び、日本で教師になって中高生に語学を教え、また司祭としてみ言葉を皆さんに伝えるという、「言葉」に深くかかわる一生となることを暗示するしるしだったような気がしています。

さて、そろそろ本題に入りましょう。まず質問です。皆さんは今、幸福ですか。毎日、幸せを感じながら生きていますか。勉強や家事が忙しくて、そんなことを考える余裕がないという人もいるかもしれません。人間関係や仕事の悩み、将来への不安などがあってつらい人もいるでしょう。そういう人は心が少し疲れているのです。心を休ませて、また元気になるように栄養を与えてあげましょう。

私たちの心を癒してくれるのは、なんといっても神さまの愛です。イエスさまとの出会いです。イエスさまは、神さまの愛そのものだからです。イエスさまと出会うには、聖書を読むのがいちばんですが、そのほかにもいろいろな方法があります。自然の現象、風景、絵画、音楽、文学、あるいは人生の出来事、人との出会い。さまざまなものや場面をとおしてイエスさまはいつも私たちに語りかけ、愛を注いでくださっています。イエスさまと出会うことで、私たちは真の喜び、真の幸福にあずかることができるのです。さぁ、一緒にイエスさまに会いに行きましょう！

第一章

大切なものに目を向ける

初めて歩いた日

きょうだいたちの思い出

私は五人きょうだいの長男です。

すぐ下の弟が生まれたのは、私が五歳のとき。その次の弟は年子で生まれました。ですから、幼い私の心にも、「自分のことより弟たちの世話を優先しなければいけない」という自覚が自然と育っていきました。

当時はまだ家に冷蔵庫がなく、近所にスーパーマーケットもなかったので、弟たちのミルクは一キロ近く先まで歩いて買いに行かなければいけませんでした。毎朝七時、大きな缶を持ってミルクを買いに行くのは私の役目になりました。眠い日も大雪の日もありました。でも弟たちのためです。私はがんばって役目を果たしました。

妹が生まれたのは私が小学六年生のときのことです。我が家の男のきょうだいは皆、病院で産まれたのですが、母はなぜか妹だけ自宅で産むことにしたのです。そんなことを知らない私は、ある日の午後、学校から帰って来てびっくりしました。朝、出かけるときはいなかった赤ちゃんが、突然現れて、ベッドですやすやと寝ていたからです。その可愛らしい寝顔は今でも忘れられません。

いちばん下の弟と私は、十六歳離れています。彼の幼いころの思い出のなかでとくに印象深いのは、初めて歩いた日のことです。私はソファに座り、一メートルほど離れたところに弟を立たせ、「ここまでおいで」と言って手を差し出しました。すると彼は迷うことなく、全身をあずけるように私の手のなかに倒れ込んできました。また同じようにやってみました。そのときも彼は私の手のなかに飛び込んできました。

「さぁ、もう一度」

私はあらためて弟を立たせ、手を差し出しました。すると今度は突然、トットットッと、二～三歩歩いたのです。しかも倒れずに立ったまま、私の膝につかまることができました。

私はうれしくなって、少しずつ距離を延ばしてみました。三～四歩、四～五歩。弟は少しずつ長く歩くようになりました。

「よし、もう一回やってみよう」

私はそう言って弟を立たせて、ソファに座りました。その瞬間です。トトトトトッ！　弟は歩いて私のところまでやって来て、「ヘッ」とつぶやいてから、そばにあったリビングテーブルの周りを走り始めたのです。

角を曲がるときはバランスがうまくとれず、よろけそうになりました。それを私が後ろから手を添え、体勢を整えてやると、彼はまた走り始めました。

一周。二周。途中で疲れたのか、ストンと腰を落として座りこんでしまいましたが、しばらくすると自分で立ち上がり、また走り出しました。今度は前よりも上手にバランスをとりながら、きれいにテーブルの角を回り、弟は走りました。

子どもたちが教えてくれること

弟が初めて歩いたときの様子を思い返すと、生きていくうえで大切な二つのことが象徴的に現れていることに気づかされます。

一つは「帰属」。わかりやすくいえば、「つながり」ということです。

私たち人間は社会的な生きものなので、孤立したままで生きていくことはできません。家族、友人、仲間など、人とのつながりや帰属する共同体が不可欠です。そして人と人とがつながるために重要なのは、互いに信頼し合うということです。弟が私の手のなかに全身をあずけるように倒れ込んできたのは、私に対して絶対的な信頼感があったからでしょう。

「必ず受け止めてくれる、自分は守られている、何も怖くはない」、彼は全面的にそう信じていました。だから迷わなかったのです。こうした根本的な信頼感は、まず家庭において育まれるものでしょう。そういう意味でも、家族が信頼し合うこと、信頼と絆の深い家庭を築くことが大切です。また、つながりと信頼は「自分が大切な存在である」ということを自覚する源泉にもなります。その源泉が、人生を前向きに歩んでいく支えとなるのです。

年長者は、年少者から信頼される人間にならなければいけません。だれかが転んだら手を差し伸べる、苦しんでいたら助ける、泣いていたら寄り添う。信頼される人間とは、やさしい心で人と接し、他者を傷つけない人間になるということです。

さて、人生にとってもう一つの大切なこと、それは「自立」です。すべての人間は自由な存在です。私たちには自分の足で自由に歩く権利があり、同時に、自立して生きていく責任も負っています。

すでに「人とのつながりが大切だ」ということを述べましたが、そのつながりは、束縛したり束縛されたりするものであってはいけません。

たとえば、夫婦や親子を例に考えてみましょう。相手を思うあまりに、世話を焼きすぎたり口を出しすぎたりするのは束縛といえるでしょう。相手の人格や個性やタレントを無視して、勝手な理想を押しつけるのも束縛です。本当の愛とは、相手をありのままに受け入れ、その人の自由な歩みをあたたかく見守ることだと思います。

弟は初めて歩いた直後に「ヘッ」とつぶやきましたが、私にはその一言が「お！足の動かし方がわかったぞ。歩くということがわかったぞ」という、新しい発見をした喜びの声のように聞こえました。

自分の足で自由に歩けば、それまでとは違う新たな世界を体験します。そこには多くの発見や気づきがあるはずです。そしてそれが心を豊かに育み、感性を磨き、知恵を伸ばしてくれます。自由と自立は人間の成長を促してくれるものにほかなりません。

マタイ福音書の中に「子供のようにならなければ、決して天の国に入ることはできない」（18・3）という一節があります。子どもは神にきわめて近い存在であるといってもいいでしょう。私たち大人は素直に学ぶ心で子どもたちに接し、その仕草や言葉から大切なことを学びとるようにしたいものです。

私たちの恩人

カラスのいのちを思いやれる心

教師をしていたころ、毎週のように生徒たちとさまざまな施設に奉仕活動に出かけていました。たくさんの思い出がありますが、なかでもとくに印象深い二つの話をご紹介しましょう。

一つは、知能に重い障がいをもつ人たちの支援を行っている施設での思い出です。そこは、障がいをもつ人ともたない人が心を寄せ合い、愛し合い、助け合いながらともに生きている施設です。障がいをもつ人が一方的に世話されるのではなく、畑仕事、演劇、歌、絵画、工芸、料理など、各々のタレントを存分に生かしながら生活をしているのです。彼らの作る料理はとてもおいしく、彼らの描く絵はとても創造的です。皆、才能に満ちあふれています。

私が何よりも感動したのは、彼らの心の純粋さです。たとえばこのようなエピソードがあります。

ある朝、施設の先生がトマト畑にカラスがいるのを見つけました。先生は急いでカラスを追い払いましたが、案の定、カラスはいくつものトマトにくちばしを突っ込み、真ん中のおいしいところを食べてしまっていました。

「せっかく皆で育てたのに」と、先生が文句を言おうとしたそのとき、施設の生徒の一人が穴の開いたトマトを指さし、うれしそうに叫びました。

「皆、見て！ カラスが私たちのトマトを食べたよ。私たちのトマトのおかげで、カラスは生きられるね。よかったね」

自分のものを惜しみなく他者に差し出すことができる。いのちの貴さを知っている。支え合うことの大切さを知っている。なんとすばらしい心なのでしょう。

また、あるときのこと。数名の男子高校生が施設に奉仕活動にやってきました。彼らは同じ部活動の仲間なのですが、一人の部員がたびたび早朝練習に遅れてくることに腹を立て、その部員を殴ってケガを負わせたため、罰として社会奉仕活動を命じられたのです。男子高校生たちが作業を始めると、施設の生徒がその隣に来て、尋ねました。

「なぜここに来たの？」

一人の男子高校生が答えました。

「悪いことをしたから」

「悪いことって、どんなこと？」

生徒が聞きました。男子高校生は、部員を殴ってケガをさせたことを話し、「そいつが遅刻してくると、皆で練習ができないんだ。だから頭にきて殴ってしまったんだ」と答えました。

それを聞いた生徒が言いました。

「私なら、その友達を迎えに行ってあげる」

彼らのものの見方、とらえ方、考え方は、愛と慈しみにあふれています。私は彼らと触れ合いながらいつもわが身を振り返り、反省させられたものです。

学び、成長させてもらっているのは、私たちのほう

もう一つの思い出は、インド東北部のビハール州にある、ハンセン病の親をもつ子どもたちの施設での出来事です。

インドでは病気と差別のため、ハンセン病の人が正規の職業に就くのは難しく、多くの人が物乞いをして生計を立てています。彼らの子どもはハンセン病ではありませんが、家計を

助けるために親と一緒に物乞いせざるを得ず、学校に行くことができません。その結果、大人になっても職に就けず、貧困生活を強いられるのです。

そうした悪循環を断ち切る一つの方策として造られたのがビハール州の施設です。そこではハンセン病の親をもつ子どもたちが寮生活を送り、教育と職業訓練を受けています。資格や技術を身につければ良い仕事が見つかり、経済的に安定するので、病気の親の面倒を見ることも可能になるのです。

私が勤めていた神戸の学校では、その施設の子どもたちを「もう一人のクラスメイト」という気持ちで支援しようと、一九七七年から募金を開始。一九八五年からは学校を代表する生徒二十数名が現地を訪問し、視察や奉仕活動、施設の子どもたちや家族との交流を行うようになりました。インド訪問は今も二年に一度、行われています。

私が生徒とともにインドを訪れたのは一九八五年のことですが、当時のカルカッタにあるマザー・テレサの施設で奉仕活動をした後、ビハール州に入って関連施設を見学しました。職業訓練所の入り口には、「この訓練所は○○（神戸の学校の名前）の献金で建てられた」と書かれたプレートと、学校の校章が掲げられていました。生徒たちは献金が生かされていることを実感し、感激ひとしお。日本で待つ仲間に報告するために、訓練所の様子を一生懸命に写真やビデオに収めていました。

ハンセン病の親たちが暮らす村では、大勢の方たちが広場に集まっていました。私たちが到着すると、まず歓迎のスピーチ。それから楽器の演奏と歌に合わせて、民族衣装をつけた男性の踊りが始まりました。彼は全身を激しく動かし、一心不乱に踊り続けたのです。

あまりにも激しい踊りに驚いて言葉も出ない私たちに、現地の神父さまが説明してくれました。

「彼の娘は、皆さんの献金のおかげで学校に行き、幼稚園の先生になることができたのです。先ほどスピーチをしたのが彼の娘です。そして彼の息子も今、大学の工学部で勉強をしています。彼は言葉で言い尽くせないほど、皆さんに感謝し、喜びと幸せを感じているのです。踊りはそのしるしです」

こうしたインドでの数々の体験が、生徒の心を大きく揺さぶったことは間違いありません。ある生徒は「金や名声を求めるのではなく、〝人を看る〟医師になりたい」と目を輝かせ、ある生徒は「貧困問題の解決を食糧の面から取り組みたい」と、力強く将来を語りました。皆、一回りも二回りも成長したように見えました。

幸いにも障がいをもたずに生まれてきた私たちは、しばしば「障がいをもった方たちを世話する」と、上から目線でとらえがちです。しかしそれは不遜で傲慢な態度といえます。

彼らから心の教育を授けてもらっているのは、私たちのほうです。清い心をもつ彼らは、私たちの浅はかな価値観や常識をガラリと変えてくれます。本当に大切なものは何かということを教えてくれます。彼らこそ、この地上を愛のあふれる世界、互いに支え合う社会に変えることができる、かけがえのない存在です。彼らは私たちの先生、私たちの恩人なのです。

二つの箱

喜びの箱と悲しみの箱

シンガポールで行われたある集いで耳にした寓話をご紹介しましょう。

ある日、神が二つの箱を手に持って、私のところに来られました。

「あなたの喜びをすべて、この箱に入れなさい」

神はそう言いながら、白い箱を私にくださいました。

そして、もう一つの箱を私に手渡しながら、次のように言われました。

「あなたの悲しみはすべて、こちらの黒い箱に入れなさい」

その日から毎日、私は神の言われたとおり、うれしいことや楽しいことがあったら白い箱に、つらいことや悲しいことがあったら黒い箱に入れました。

しばらくたったある日のこと。私はふと思い立って、箱を持ち上げてみました。白い箱はずっしりと重くなっていました。これまでにたくさんの喜びを経験してきたからです。そう気づいた私は、とてもうれしくなりました。そのうれしい気持ちもまた、白い箱に大切に入れました。黒い箱も持ち上げてみました。するとどうしたことでしょう。黒い箱はもとのとおり、軽いままです。悲しいこと、つらいこと、苦しいことをたくさん、黒い箱に入れてきたはずなのに。

私は神のところに行って、聞いてみました。

「神さま。私は神さまが教えてくださったように、うれしいことや楽しいことは白い箱に、つらいことや悲しいことは黒い箱に入れてきました。そうしたら白い箱はとても重くなりました。でも黒い箱は軽いのです。どうしてですか」

神は言われました。

「黒い箱の中をよく見てごらんなさい」

私は黒い箱の中を覗いてみました。なんと、底に穴があいているではありませんか。私はあらためて神に聞きました。

「箱に入れた私の悲しみは、いったいどこに行ってしまったのですか」

神はやさしく微笑みながら、こう言われました。

「わたしの愛するかわいい子。あなたの悲しみはすべて、わたしとともにあります。もう心配しなくていいのです」

傷ついた心を手当てする練習

苦しみや悲しみのない人生などありません。

大切な人との別れ、病気、家族の問題、仕事の行き詰まり、人間関係のいざこざ、失敗や罪、後悔……。だれでも皆、何かしら問題を抱えながら生きているのではないでしょうか。そうした問題によって、私たちの心には無数の傷がついています。

転んでケガをしたら、洗って消毒して、薬を塗っておくでしょう。心の傷も放っておいてはいけません。きちんと手当てをすることが必要です。

その手当ての方法が「神さまにあずけること」です。悲しみ、苦しみ、悩み、つらさなどを心の中にとどめておくのはよくありません。いつまでもそうしたネガティブな気持ちにとらわれてしまうからです。

神はいつも私たちが幸せになることだけを望んでいます。私たちが苦しんだり悲しんだりしている様子を見るのは、神にとって何よりもつらいことなのです。

約三千三百年前、イスラエルの民はエジプトで奴隷にされて、過酷な生活を送っていました。それを見た神はいてもたってもいられず、民をエジプトから救い出す決心をされました。

「わたしは、エジプトにいるわたしの民の苦しみをつぶさに見、追い使う者のゆえに叫ぶ彼らの叫び声を聞き、その痛みを知った。それゆえ、わたしは降って行き、エジプト人の手から彼らを救い出し、(中略)導き上る」(出エジプト3・7〜8)

こうして神はイスラエルの民を先導し、救いと幸福と繁栄が約束された地、カナンへといざなわれたのです。

また新約聖書のルカ福音書二十四章には、十字架上のイエスの死を嘆き悲しんでいる二人の弟子のところに、復活したイエスが現れる話が記されています。復活したイエスは聖書の話をしてくださり、一緒に宿屋に泊まり、ともに食卓を囲み、自らパンを割いて渡してくれます。イエスと親しい時間を過ごすことによって、弟子たちの心は次第に癒され、元気を取り戻し、ついには力強い足どりで新たな一歩を歩み出していくのです。

苦しみや悲しみを神にあずけ、喜びで心を満たしていくことは、神に近づいていくということでもあります。皆さんも心の中に残っている苦しみや悲しみがあったら、一つひとつ取り出して、神にあずけましょう。そのときは、「神さま、このつらい出来事を私の愛のしるしとして、神さまにささげます。どうぞ受け取ってください」、とお祈りしながらささげるのがいいでしょう。

つらいことがたくさんありすぎて、時間がかかるかもしれません。心の傷が深くて、取り出すときに痛みを感じるかもしれません。もしもそうなら、無理をしないで少しずつゆっくりと。しかし、あきらめないで辛抱強く続けましょう。神はすべてを受け止め、引き受けてくださる方です。信頼しておまかせしましょう。

そうやって心の手当てをしながら同時に、だれかに愛されたこと、感謝されたこと、やさしい言葉をかけてもらったこと、微笑みかけてもらったことなどを思い出して、心に栄養をあげましょう。心にとっていちばんの栄養は、喜びなのです。

私たちが笑顔で幸せに暮らしていくこと、それが神のいちばんの願いです。

聖ヨセフの生き方

お告げに従いイエスとマリアを守って

カトリック教会では、三月十九日に聖ヨセフをお祝いします。
皆さんはヨセフがどのような方だったかご存じでしょうか。マリアの夫でイエスの養父であるということ以外、詳しく知らない方が多いかもしれませんが、ヨセフは「教会の保護聖人」「労働者の保護聖人」として尊敬されており、その生き方には私たちがお手本とすべき部分がたくさんあります。そこで今回は、ヨセフの生き方に学んでみようと思います。まずはその半生をご紹介しましょう。

ヨセフはダビデ王の血筋に属する人で、大工でした。マリアと婚約していましたが、二人が一緒になる前にマリアが身ごもっていることを知り、表沙汰にならないように秘かに縁を切ろうとしました。そのとき、ヨセフの夢に主の天使が現れて言いました。

「恐れずにマリアを妻にしなさい。マリアは聖霊によって身ごもったのだ。子はイエスと名づけなさい」

ヨセフはその言葉に従ってマリアを妻とし、生まれた男の子をイエスと名づけました。イエスの誕生後、主の天使が再び夢に現れました。

「ヘロデ王が幼子イエスのいのちを狙っている。エジプトに逃げなさい」

ヨセフは天使の言葉に従い、すぐにイエスとマリアを連れてエジプトに逃れました。

何年かたってヘロデ王が死ぬと、再びヨセフの夢に天使が現れて言いました。

「幼子とその母親を連れて、イスラエルに帰りなさい。幼子のいのちを狙っていた者たちは死んでしまった」

ヨセフはすぐに起き、イエスとマリアを連れてイスラエルに戻りました。ヘロデ王の息子がユダヤを支配していると知り、心配になりましたが、そのときまた夢で天使のお告げがあり、それに従ってガリラヤ地方に行き、ナザレという町に住むようになりました。

それから毎年、過越祭《すぎこしさい》になると、イエスとヨセフとマリアの聖家族はナザレからエルサレムに巡礼に出かけました。イエスは両親に仕えて暮らし、知恵に満ち、神と人々に愛されて育ちました。

迷うことなくひたすらに使命を果たしていく

ヨセフの人柄や生涯については聖書にあまり詳しく記されていませんが、ここに紹介しただけでも次々と試練や困難に直面していることがわかるかと思います。

マリアの妊娠は、ヨセフにとって耐え難い事実だったことでしょう。深く傷つき、戸惑ったのではないでしょうか。当時のユダヤには、婚約している娘が婚約者以外の男性と関係をもった場合、男女ともに石打ちの刑に処せられるという法律がありました。妊娠しているマリアを受け入れるには、相当の覚悟が必要だったはずです。

ヘロデ王の迫害を避けてエジプトへ逃げるということは、今でいえば難民になることです。イエスが生まれたベツレヘムからエジプトまでは四百キロ以上。山間、荒れ野、砂漠を行く厳しい道のりです。妻と生まれたばかりの子を連れて外国であるエジプトに行き、そこで家族を養いながら生きていくことは、容易ではなかったでしょう。

ヨセフはそうしたさまざまな試練から逃げることなく、夢で主の天使の言葉を聞くと、ただちにそれに従って行動を起こします。聖書にはヨセフが何を語ったとか、何を思ったといったことは一切書かれていません。それは、ヨセフが天使の呼びかけに疑問をもったり不平を言ったりしなかったからです。

もしかしたらふと、戸惑いや恐れが湧いたときもあったかもしれません。「これからどうなるのだろう」と、将来に不安を抱いたことがあったかもしれません。しかし、ヨセフは恐れや不安に支配されることはありませんでした。どんなときも自己中心的な感情や都合、損得はすぐに脇に置いて、素直に神の導きを受け入れます。神を全面的に信頼していたからです。ヨセフの生涯は、神に授かった「イエスとマリアを守る」という使命を自覚し、それを果たすために精いっぱいの努力をし続ける日々だったといえます。

他者のために生きて輝く

ヨセフと同じように、私たちもまた、いつも神から呼びかけられています。「夢の中で天使のお告げがある」ということはほとんどないと思いますが、日々の生活や社会の出来事をとおして、教会のさまざまな活動や指導をとおして、聖書の言葉をとおして、あらゆるところで神は私たちに声をかけてくださっています。私たちはそういう声に耳を傾けることができているでしょうか。自分の思惑や希望ではなく、ヨセフのように神の導きに素直に従って行動できているでしょうか。ヨセフがイエスとマリアを守るために一生懸命に働いたという点にも学びたいと思います。それは私たちの身に置き換えて考えるなら、自分のために生きるのではなく、他者のため、社会のためを第一に考えて尽くすということです。

私は葬儀ミサの説教で、ろうそくについて話をすることがあります。ろうそくは人生によく似ているからです。ろうそくが火を灯すのは自らのためではなく、暗闇に光を与え、周りを明るく照らし、人々にあたたかさと喜びと希望を与えるためです。私たちも自らのためではなく、他者のため、社会のために生きるようにこの世に造られたのです。ろうそくが自らを犠牲にして美しい光を灯すように、私たちの人生も他者に尽くすことで輝いていくのです。

進学や就職などで生活が変わるとき、新しい生活を始めたとき、思いがけない問題や、意に反する出来事が起きるかもしれません。そういうときはヨセフの生き方を思い出し、心に語りかける神の声に耳を澄まし、目の前の問題に取り組んでみてください。そして、あなたの行動が少しでも周りの人たちを明るくし、社会をより良いものにできるように努力してみてほしいと思います。

来日五十年

駅の窓口で「鎌倉」が通じない

二〇一七年の夏は、私にとって感慨深い夏でした。というのも、八月二十九日に来日五十年を迎えたからです。

五十年前、二十五歳の若き神学生だった私は、ドイツのベルリンを発ち、汽車でモスクワへ。そこから飛行機でハバロフスクに飛び、電車でナホトカへ。そして船に乗って横浜に到着しました。「旅費がもっとも安い」という理由で選んだ旅程は珍道中でしたが、そんなのは序の口。日本での日々はさらに驚きや衝撃の連続でした。

横浜港に迎えにきてくれたイエズス会の日本語学校の校長に連れられて、鎌倉にある修道院に着いた私は、まず網戸に驚かされました。先輩の神学生が、「網戸は蚊が部屋に入ってこないようにするため」と言うではありませんか。私の母国には蚊がいません。蚊はおもにアフリカにいて、伝染病のマラリアを媒介するものと思っていた私は、「日本にもマラリアの危険があるのか。これは大変！」と慌ててしまいました。

日本に来てからもっとも戸惑ったのは、やはり日本語です。私は子どものころから語学が得意で、高校時代にはラテン語、英語、フランス語、ギリシャ語を学びました。ヨーロッパ各国へたびたび旅行もし、フランスやイギリスに留学しましたが、一度も言葉で困った経験はありませんでした。ところが日本語は何もかもが複雑で、苦労のしどおしでした。

ある日、公衆トイレに入ろうとしたら漢字で「男」「女」という表示しかなく、どちらに入っていいか迷いました。中を覗けばわかりますが、うっかり女性用を覗いて、ご婦人がいたらおおごとです。仕方がないので、次に来る人がどちらに入るか確かめてからにしようと、トイレの前でじっと立って待っていたことがありました。

電車の切符を買うのも四苦八苦です。当時は自動券売機がなかったので、窓口の駅員さんに行き先を言わなければなりません。東京の四ツ谷駅で、鎌倉までの切符を買おうとしたときのこと。窓口の駅員さんに向かって、「鎌倉」と言ったのですが、わかってくれません。「カマク～ラ」、「カ～マク～ラ」、「カ・マ・ク・ラ」。アクセントの位置を変えたり、イントネーションを変えてみたり、ゆっくり言ってみたり、あれこれ試しましたがまったく通じないのです。メモ用紙にローマ字で書いて見せても、駅員さんは首をひねるばかり。ふと後ろを振り向くと、私の後ろに切符を買い求める人の長～い行列ができていました。しばらくして、列の後ろのほうにいた上智大学の学生が気づいて、やって来て通訳をしてくれたので助かりましたが、いい歳をした大人なのにまるで赤ん坊のように何もわからず、何もできない自分が情けなくなりました。

日本語は難しいけれどとても美しい

宣教師として日本で働くには、日本人と同じように日本語を話したり書いたり読んだりできなければいけません。日本語学校に入った私は、発音、文法などを徹底的に学び、当用漢字はすべて書けるようにしました。文語、古文、日本の神話やおとぎ話、俳句や短歌なども勉強しました。また、活け花、茶道、香道、書道などの教養も一通り教わり、能や歌舞伎といった古典芸能も学びました。日本の作法として、冬に家庭を訪問したらコートやマフラーを取ってからベルを押すのが礼儀であるとか、着物について、季節に応じた生地の選び方なども教わりました。

日本語学校のカリキュラムは二年で終わりですが、それだけで日本語をマスターすることは到底できません。私は学校を卒業後、中学・高校で英語を教えるようになってからも、ラジオ講座の高校一年から三年の国語の放送を録音して、何回も何回も聞き直しました。もちろん五十年たった今も、毎日が勉強です。

これは私なりの推論ですが、外国人、とくに西洋人にとって日本語が難しく感じられるのは、言葉に対する姿勢が根本的に異なるためではないでしょうか。西洋人はメッセージの内容を伝えることにおもに関心がありますが、日本人は言葉を使って人間関係をつくることに興味をもっているように思うのです。

その良い例が敬語表現です。西洋の言語では、たとえば英語でもドイツ語でも「見る」と言おうとしたら、相手が王さまだろうが会社の部下だろうが表現は同じ。「見る」ということを伝えさえすればいいからです。ところが日本語は、相手に応じて「見ます」「ご覧になる」「拝見する」と、ていねい語、尊敬語、謙譲語を使い分けます。

山地の多い日本は、生活に利用できる平らな土地が二十五パーセントほどしかありません。限られたなかで皆で生きていくには、円満な人間関係を保つことが必要です。そのための道具の一つが言葉なのです。そして、失礼のないように敬い合う、余計な摩擦が起きないように互いに適度な距離を保つ、衝突を避けるために曖昧さを容認するといったさまざまな配慮から生まれたのが、日本語独特の敬語表現なのだと思います。

日本人の生活や文化で重要な位置を占めるのが稲作ですが、田植えや稲刈りをするにも、灌漑施設を造るにも、隣近所の協力が必要です。日本の家屋はこじんまりとしていますが、それは田畑の面積をとり、収穫を少しでも多くするために必要だったからでしょう。小さな家屋で肩寄せ合って暮らすには、家族同士でも敬い合い、摩擦を避ける配慮が必要です。家庭でも社会でも、日本人は他者との関係に心を配り、他者との微妙な距離感を大切にしながら生きている。それを支えているのが日本語という言葉なのだと思います。

日本人の会話は、「良いお天気ですね」「涼しくなりましたね」と季節の挨拶で始まることが多いですね。私はこれを「会話のセレモニー」だと思っています。いきなり本題に入らず、挨拶から始めるのです。会話をとおして和やかな関係をつくろうとする、やさしさにあふれた日本人の知恵です。

日本語は世界でも稀に見る難しい言語ですが、同時に、このように繊細で美しい心遣いが込められた豊かな言語であるということが、五十年でよくわかってきました。日本の文化、日本人の生き方や価値観も、同じように繊細で豊かです。この美しい国、日本に来られたことはとても幸せです。苦労や失敗はたくさんありましたが、五十年を振り返ってみるととても良い道を歩んでくることができました。心はすでに、日本人のつもりです。そしてもしも人生をやり直すとしても、きっとまた同じ道を選び、日本にやって来て、宣教師として日本の皆さんとともに生きていくでしょう。

第二章

ともに生きる

すべての人が兄弟姉妹

最古の町の教会と世界最大級の大聖堂

私の母国ドイツには、世界的に有名な教会がたくさんあります。そのなかから二つほどご紹介しましょう。

一つは、ドイツ南西部のトリーアという町にあるコンスタンチン・バジリカです。ここは聖堂建築の原型ともいえる教会です。トリーアは日本ではあまりなじみがないかもしれませんが、紀元前十六年ごろ、古代ローマ人によって建設されたドイツ最古の町の一つです。三世紀末から四世紀初頭には、ローマ皇帝コンスタンティヌスがここに居城をおき、統治の拠点にしていました。そして当時、彼の謁見場として造られたのがコンスタンチン・バジリカです。

キリスト教はそのコンスタンティヌス帝によって公認されたわけですが、公認後、信者の数が爆発的に増え、各地で聖堂の建設が本格的に行われるようになりました。このとき建築家たちは、コンスタンチン・バジリカをはじめとするバジリカ様式と呼ばれる建築様式を参考にしたのです。バジリカというのは、「王の間」を意味する古代ギリシャの建築様式です。ローマ時代には、裁判所と市場を兼ねた大きな公共施設などがバジリカ様式で建てられました。聖堂も大勢の人が集まって礼拝できる造りでなくてはいけません。そこでバジリカ様式が取り入れられることになったのです。トリーアの町にキリスト教徒が多数住むようになると、コンスタンチン・バジリカに祭壇が置かれ、聖堂として使われるようになりました。現在はプロテスタントの教会の礼拝堂になっています。

もう一つはケルン大聖堂です。ケルン大聖堂は皆さんもよくご存じだと思いますが、機会があればあらためて写真などをご覧になってみてください。正面には、天に届かんばかりの双塔がそびえ立っています。精緻《せいち》な彫刻が施された扉から中に一歩入ると、祭壇の上部から差し込む神秘的な光の輝きに目を奪われます。柱、彫刻、ステンドグラス、アーチ、すべてが天に近づこうとするかのように存在しているのがとても印象的です。写真で見るだけでも、荘厳な美しさと威容《いよう》に圧倒されることでしょう。

さて、この二つを含めてヨーロッパの伝統的な聖堂には、二つの構造上の特徴があります。

それは奥行きが長いことと、高さがあることとです。そしてこの特徴は、当時の人々の信仰、その時代の価値観などを象徴的に表しています。

聖堂に込められた人々の願い

カトリック教会の暦には「王であるキリスト」という祭日があります。その日のミサのなかで、キリストの王国とは「真理と生命の国。聖性と恩恵の国。正義と愛と平和の国」と唱えられます。イエス・キリストはこのような国を実現するために地上に来られ、人間を導く王です。

そのイエスに、神の民である人間がまみえる場が教会であり、ミサは、イエスを讃えて礼拝し、賛美と感謝をささげる祭儀です。とくに中世から長い間、「王であるイエスの栄光を讃えて礼拝する」という考えが強調されてきました。そのため、ミサでは祭壇の前に司祭と信徒が揃って整列する必要があり、整列するために聖堂の奥行きが必要だったというわけです。

十二世紀半ばごろから十六世紀ごろにかけて、ヨーロッパで盛んになった建築様式がゴシック様式で、その代表例がケルン大聖堂です。ゴシック様式が盛んになったのは、人々が神への憧れを強くしていった時代でした。もっと神に近づきたい、もっと神を愛したい、もっと神の愛に触れたい。そういう魂の叫びが、聖堂の高さを上へ上へと飛躍させていったのです。天井が高くなるに伴って、窓も大きくなりました。大きな窓から降り注ぐ美しい光もまた、人々の目を上へいざない、心を天へと向かわせました。アーチの形も、ゴシックより前の時代は円形が主流でしたが、ゴシック様式では鋭角なデザインが主流になりました。これも人々の心を神へと導くのに大きな役割を果たしたのです。

時計の針をいっきに進めて、現代的な聖堂について考えてみたいと思います。二十世紀後半以降に造られた聖堂は、極端に長い奥行きや、天を突くような高さのものがほとんどありません。そのかわりに、新たな特徴が際立つようになってきました。円形や楕円形、六角形や八角形など、丸みを帯びた形状です。

そして聖堂が丸くなるに伴って、会衆席が祭壇を囲むように配置されることも多くなってきました。たとえば私の住む修道院と同じ敷地に建つ麹町教会（東京）がそうですし、世界的にも同じ傾向が見られます。これはどういうことを表しているのでしょうか。

ミサは、イエスが弟子たちとともにした最後の晩餐を記念し、再現したものです。中世以来、「礼拝としてのミサ」が強調されてきましたが、近年は「ミサは食事である」という考えが強調されるようになってきました。とりわけ、司祭を含めミサに参加している全員で食卓を囲もう、という意識が強くなってきたのです。イエスの前に整列して礼拝するのではなく、イエスとともに皆で食事を味わうのです。そのことを形として表現したのが、丸みのある聖堂や祭壇を取り囲むように置かれた会衆席といえます。

二十世紀には二つの世界大戦があり、多くのいのちが犠牲になりました。その後も世界中で民族紛争が絶えません。差別や偏見もやみません。私たちは苦しんでいる人々にもっと寄り添い、互いに愛し合い、すべての人が希望と喜びをもって生きられるように、平和で穏やかな社会をつくる努力をしなければいけません。私たちは神を父と呼ぶ一つの大きな家族であり、兄弟姉妹だからです。そういう願いと祈りが「ミサは食事である」という考えには込められ、同時に、現代の聖堂に象徴的に表現されているのだと思います。

教皇フランシスコはしばしば環境問題を取り上げ、「私たちの共有の家、地球を守りましょう」と呼びかけています。私たち人類は、地球という一つの家に住む家族でもあります。自然を守り、地球を守っていくことも家族の一員としての大きな使命です。教会に行ったとき、ミサにあずかったとき、「皆で食卓を囲む」ということの意味を考えてみてください。

そして、地上に住むすべての人を兄弟姉妹として愛し、慈しみ、支え合うことの大切さを思い起こしてください。それは今、神が私たちに送ってくださっているメッセージでもあるのです。

かけがえのない友

教会と神社の共通点は？

私がイエズス会から派遣されて日本にやってきたのは、五十年ほど前。一九六七年のことです。当時はドイツから日本への直行便はなく、飛行機のチケットも高価でした。「もっとも料金が安い」と旅行会社のスタッフに勧められたルートは、ドイツのベルリンから電車で旧ソ連のモスクワに入り、そこから飛行機でハバロフスクへ。さらに電車でナホトカに行き、船に乗り換えて横浜に入るというものでした。経由地で何泊かしながら、約一週間の旅でした。

日本に着いた私は日本語をマスターするために、鎌倉市にある日本語学校にしばらく通っていました。鎌倉といえば歴史のある町。日本文化の後学と観光とを兼ねて、休日になると神社や寺を見て回ったりしたものです。

初めて神社に行ったときのこと。私はある光景を目にして、非常に興味をそそられました。

それは、参拝客がお参りする前に手を洗ったり口をすすいだりする「手水舎《ちょうずや》」です。なぜ興味をそそられたかというと、キリスト教の古い教会や修道院にも似たような設備をもつところが多いからです。たとえば、ドイツにあるベネディクト会のマリア・ラーハ修道院には噴水状のものがあります。

昔は今のように道が舗装されておらず、頻繁に入浴することもできませんでした。また、巡礼などで長時間歩き続けてきた人は、全身ほこりと汗で汚れています。教会や修道院に水場が設けられているのは、体の汚れを落とすという衛生面の目的が一つ。それからもう一つ、聖なる場に入る前に心を清めるためのものです。神道の手水舎も同様でしょう。

聖書の詩編（26・6）に、「わたしは手を洗って潔白を示し」という句があります。古代イスラエルの時代から、手を洗うというのは、「罪や汚れを洗い流し、清める」という象徴的な行為になっていました。かつては裁判のなかで、被告人や証人が手を洗う儀式が行われたりもしていました。無実であることを公に表明するためです。マタイ福音書二十七章にはイエスの裁判の様子が記されていますが、そこではローマ総督ポンティオ・ピラトが「イエスを処刑する責任は自分にない」と示す意味で、水を持って来させ手を洗います。

おもしろい例としては、シェイクスピアの戯曲『マクベス』の第五幕に、マクベス夫人が夢遊病になり、毎晩ベッドを抜け出して眠ったまま手を洗う仕草を続ける、という場面が出てきます。夫と共謀して主君を殺した際に手についた血を洗い流そうとしているのですが、それは彼女が罪の意識に深くさいなまれていることを象徴しています。この幕の最後で侍医がつぶやく「彼女には医者より神の祝福が必要だ」という言葉は、真理をついているといえるでしょう。

ミサにも司祭が手を洗う場面があります。福音朗読、説教、信仰宣言、共同祈願に続いて奉納が行われ、司祭は奉納されたパンとぶどう酒を供える祈りを唱えた後、侍者などが用意してくれた水で手を洗い、沈黙のうちに祈ります。これも心を清めているのです。

イエスとともに生きていく

イエスの時代のイスラエルでは、ファリサイ派や律法学者たちが「食事の前に手を洗うように」と強く勧めていました。もちろん彼らのいう「手を洗う」とは、心を清めるという意味です。神からの恵みである食事を、心を清らかにしていただきましょう。自分自身を振り返って足りないところを反省し、改めることを神に約束し、実践しましょう――ということです。しかし当のファリサイ派や律法学者を含めほとんどの人は形にこだわるばかりで、本当の意味で心を改めることができていませんでした。町のいたるところに、だれからも助けてもらえない弱者が倒れ、悪意や殺意、盗み、悪口などが横行していました。ですからイエスはファリサイ派の人々に「薄荷《はっか》や芸香《うんこう》やあらゆる野菜の十分の一は献げるが、正義の実行と神への愛はおろそかにしているからだ。これこそ行うべきことである」（ルカ11・42）と戒められたのです。

私たちも自分自身を振り返ってみましょう。外面を装っただけにとどまっていないでしょうか。形だけ整えて満足してしまっていないでしょうか。本当の意味での心の清さを求め、日々努力を続けたいものです。

さてそこで、心を磨き清める方法を一つ提案したいと思います。それは、イエスを「かけがえのない親友」「大切な恋人」と思うこと。そして、そういうイエスがいつも隣にいると感じることです。親友や恋人には、少しでもカッコいい姿を見てほしいと思うものではないでしょうか。困っている人を見たら迷わず手を差し伸べる。思いやりのある心で人と接する。そうしてがんばって取り組んでいる自分を、隣にいるイエスに見てもらうのです。

必要以上にがんばれと言っているのではありません。英雄的な行動をする必要もありません。「もっとがんばらないとダメだ」「まだ足りない」と、自分を過小評価するのもよくありませんん。イエスは、今のありのままの私たちを、貴い存在としてすでに認めてくださっているからです。

「でも、少しは良いところを見てもらいたい。だからがんばってみよう」、そう思って日々を過ごせば、私たちの心は養われ、昨日より今日、今日より明日と少しずつ成長していけるはずです。

私たちは人間ですから、たまに失敗もします。それでもいいのです。イエスは私たちの失敗も、やさしいまなざしで見守ってくださっています。

親友や恋人のことは、いつも頭から離れません。会っていないときも心の中で語りかけ、悩んでいることがあれば心の内で相談したりするものです。イエスにもぜひそのように接してみてください。今日あったこと、うれしかったことや楽しかったこと、悲しいことやつらいこと、何でも話しましょう。いつも隣には私たちの声に耳を傾け、ときには慰め、ときには勇気づけ、ときには叱咤激励してくれるイエスがいます。

イエスとともに歩む道、それが私たちの人生です。

家族の時間

皆でささげた夕べの祈り

私にとって、子ども時代に家族と過ごした時間は忘れることのできない大切な思い出です。とくに楽しかったのは、日曜日の午後の散歩です。天気の良い日は、よく家族揃って近所の森に行きました。どこまでも続く大きくて深い森の中を、祖父母や両親など大人たちはおしゃべりしながらのんびりと、私と弟たちは虫をつかまえたり木に登ったり、木の実を摘んで食べたりしながら散歩をするのが常でした。

ある日のこと、父が、藪の中にちょこんと建っている小さな小屋を指さして言いました。

「知っているかい、あれは赤ずきんちゃんの家だよ。この道をまっすぐ行くと、おばあさんの家があるんだよ」

まだ幼かった私たちはびっくりしました。おとぎ話に登場する赤ずきんちゃんが、この森に住んでいるなんて！ おおかみに遭ったらどうしよう！ 食べられそうになったらどうしよう！ もちろんその話は父ならではのユーモアで、小屋は町に水を送るための水道のポンプステーションでした。森の中にはいろいろな造りのポンプステーションがあって、父はその一つ一つを「これはヘンゼルとグレーテルの家」「これは白雪姫に登場する七人のこびとの家」「これはおおかみと七匹の子ヤギのお話に出てくる家」と、おとぎ話にあてはめてくれました。私たちがワクワク、ドキドキしながら森を探検したことはいうまでもありません。

森は学びの場でもありました。木の幹の西側に苔が生えること、動物の足あとの見分け方、若枝を削って笛を作る方法……、父はいろいろなことを教えてくれました。今でも私はその笛を作ることができます。

もう一つ思い出深いのは、家族の祈りの時間です。我が家は敬虔なカトリック家庭でしたから、折に触れて家族で祈ることを大切にしていたのです。なかでも心に深く残っているのは、毎晩九時の夕べの祈りです。私たち一家はある時期、祖父の家で暮らしていたことがあるのですが、当時は、二人の叔母、五人の下宿生、家政婦さんを含めて十三人の大所帯。その全員が、祖父の鳴らす鐘の音を合図にリビングルームに集まり、聖母マリアのご像、キャンドル、亡くなった家族の写真が飾られた祈りのスペースで、一緒に祈りをささげるのです。

「今日一日の恵みに感謝します」

「今日、私たちが犯した罪をおゆるしください」

「家族のなかの死者たちを、あなたの御国に受け入れてください」

「今晩の良い休息を私たちにお与えください」

「私たちが明日もあなたの意向のために働けますように、祝福を与えてください」

私はこの夕べの祈りが大好きでした。家族の深いつながりを感じることができたからです。私の家族がここに存在し、ここに私の居場所があるということ。私がこの家族に守られ、愛されていること。それを全身全霊で感じ、確認できる時間だったからです。家族の祈りの時間は、愛そのものでした。

家族のつながりを深めるために

私の子ども時代と現代では、社会的な背景が大きく違うので一概に比較することはできませんが、近年は、家族で過ごす機会が減っているようです。子どもが塾通いで忙しい、親御さんが仕事をもっていて帰宅が遅いなど、理由はさまざまでしょう。それは現代社会では仕方のないことかもしれません。しかしその結果、家族同士のつながりが薄れているとしたら、子どもの成長にとって好ましいことではありません。家族に守られ、家族から愛されているという実感が乏しくなると、子どもの心に大きな傷ができてしまうからです。

極端な場合には「自分は邪魔者」と思い込んでしまいます。そうすると自分自身を大切にすることができず、人を心から愛することもできなくなってしまいます。いのちを軽視する事件が増えているのは、家族のつながりが薄れていることが一因ではないでしょうか。さてそこで、家族のつながりを深めるために三つの提案をさせていただきたいと思います。

一つ目は、一日にせめて一回は、家族で食卓を囲むように努めることです。夕食は帰宅時間が揃わないので難しいというご家庭も、朝食なら可能ではないでしょうか。少し早起きして、おしゃべりを楽しみながら食事をしてみましょう。学校のこと、友達のこと、遊びの話などを親に聞いてもらえたら、子どもにとっては大きな喜びになるはずです。また、子どもの笑顔は親にとっての大きな喜びです。子どもも親も、幸せな気持ちで一日を始められることでしょう。

二つ目の提案は、「いただきます」「ごちそうさま」という食前と食後の挨拶を、皆で揃ってすることです。心を一つにするために、手をつなぎながら挨拶するのもいいかもしれません。日本語の「いただきます」「ごちそうさま」という言葉がいかに美しいか、皆さんは気づいていますか。料理を作ってくれた人への感謝、いのちの糧である食べものを授けてくれた自然と創造主への感謝と賛美を表す、まさに祈りの言葉です。ぜひ毎食、皆で心を込めて言いたいものです。

三つ目は、家族で家事を分担することです。我が家では、テーブルセッティング、食後の片付け、皿洗い、掃除、ゴミ出し、買い物、靴磨き、薪作り、庭仕事、芝刈りなどさまざまな当番を決めていました。小さな子どもも、必ず何かの手伝いをするのです。

皆で協力して家事をすることには、大きな意義があります。家族の一員としての自覚を高め、家族の連帯感を強める助けになります。与えられた仕事をやり遂げる責任感も身につきます。そして何よりも、人と人は互いに助け合い、支え合わなければいけないことを学ぶ貴重な機会になるのです。

ぜひこの機会に、ご家庭での家族の過ごし方を振り返ってみてください。時間の長さは問題ではありません。家族の間に心の触れ合いがあるかどうか、家族が心と心でつながっているかが重要なのです。家族の愛は、生涯の拠りどころとなるすばらしい宝です。

幸せな木こり

幸せな木こりと不幸せな王さま

ある森の近くに、木こりの一家が住んでいました。生活は楽ではありませんでしたが、木こりは幸せでした。家族は仲が良く、奥さんや子どもたちと歌を歌ったり、ダンスをしたり、愛と笑顔と、大好きな音楽にあふれた毎日を送ることができたからです。

さてある日、国王の行列が森を通ったときのことです。彼の耳に明るい歌声が聞こえてきました。国王は馬を止め、耳を澄ましました。歌が終わると子どもたちの笑い声も聞こえてきました。「ふむ？ 何がそんなに楽しいのだろう」と思った王は、だれが歌っているのか調べてくるように、家来に命じました。すぐに家来が一人の男を連れて戻ってきました。

「王さま。歌を歌っていたのは、この男と家族たちでした。この男は木こりだそうです」

国王の前に引き出された木こりは、縮こまって震えています。洋服も靴も古ぼけています。

王はそんな木こりをじろりと見て、「何か楽しいことがあったのか」と、尋ねました。木こりは少し考えてから、小さな声で答えました。

「特別なことは何もありません。でも、私は毎日がとても楽しいのです。贅沢はできませんが、とても幸せです。だからうれしくて、家族と一緒に歌っておりました」

それを聞いた国王は、木こりのことを妬ましく思いました。自分は王としてだれよりも財産や権力をもっているのに、幸せだと思ったことなど一度もなかったからです。

――なぜ私より貧しくてみすぼらしいこの男が、幸せなのだ！

王の心に怒りも湧いてきました。そこで、木こりに難しい仕事を与えて困らせ、自分と同じように不幸にさせてやろうと思いました。

「明日の朝までに、五十キロの木くずを作れ。もしできなければ、お前を死刑にする」、国王はそれだけ言うと、馬にムチを入れ、城へと駆けていきました。

木こりは、茫然としました。一晩で木くずを五十キロも作るなど、どんなにがんばってもできるわけがありません。いったい、どうしたらいいのだ……。木こりは、しばらくその場に立ちすくんでいました。その後、ゆっくりと歩いて家に戻り、妻に話しました。「五十キロもの木くずは作れない。だから私のいのちも明日の朝までということだ。私は覚悟を決めたよ。それで、家に帰ってくる道々、これまでの人生を振り返ってみたのだ。平凡だったけれど、すばらしい人生だった。大変なこともいろいろあったけれど、幸せだったよ。どうもありがとう」

彼の妻は涙をぽろぽろとこぼし、黙ってうなずきました。木こりは続けました。

「最後の数時間を、本当に大切なことのために使いたいと思うのだ。君と子どもたちと、そして近所の人たち、私の愛する人たちと一緒に過ごし、これまでの人生に感謝したいのだが、どうだろう」

妻は少し考えてから、涙を拭って、言いました。「わかりました。私もとても幸せでした。どうもありがとう。たくさんごちそうをつくりましょう」

その晩、木こりの家には大勢の人が集まりました。皆でごちそうを食べ、おしゃべりし、楽器を演奏したり歌ったり踊ったりして、楽しく過ごしました。

そして、夜が明けました。トントンと、木こりの家の扉を叩く音がしました。木こりが扉を開けると、兵隊の司令官が立っていました。木こりは司令官を見て、「ついに終わりだ」と覚悟しました。司令官は木こりに向かって言いました。

「急いで棺を作ってほしい。先ほど、王さまが亡くなった」

良い人生を送るためのヒント

これはアルメニアの昔話に、私が少し脚色を加えたものです。ドイツのカトリック新聞に掲載されていたのを読んだとき、ぜひ日本の皆さんにもご紹介したいと思ったのです。というのは、「私たちはどう生きるべきか」を深く考えさせてくれる内容だからです。

この話に登場する木こりは、死に直面して、あらためて人生を振り返ります。そして気づいたのは、家族の愛、隣人の愛こそが人生に喜びと幸せを与えてくれるかけがえのない宝だということでした。残りの時間はその大切なことのために使いたい。すばらしい宝に恵まれたことに感謝して過ごしたい。木こりはそういう境地に達したのです。

死には、恐怖、不安、苦痛などの概念と結びついた負の側面があります。しかし死と真正面から向き合うと、本当に大切なものが見えてくるという面もあります。死から解放されて真に生きることができるようになる、これは死の意義といえるでしょう。そして、その大切なもののために生きていく。それが生の意義であり、最期まで充実した生を生きる秘訣です。

この話を読みながら、私は父の最期を思い出しました。父は母の手を握りながら、「とても良い人生だった」と言って息を引き取ったのです。二十代で戦争に行き、生涯、贅沢とは縁のない生活でしたから、傍からは苦しい人生に見えたかもしれません。しかし父自身は、愛する家族、とくに母という伴侶に恵まれたことを何よりの幸せと実感し、愛と感謝に満ちた日々を送っていました。良い人生を送れるかどうかは、自分の心次第だということを、父は身をもって教えてくれました。

私たちが今こうして時を過ごせるのは、当たり前のことではありません。昨夜、世界中でどれだけの人がいのちを失ったでしょうか。私たちは幸いにも死を免れ、今日という時をいただき、そのおかげで、家族や友人と共に過ごしたり、働いたりしていられるのです。そのことに心から感謝しましょう。そして、いただいた時間を精いっぱい生きましょう。精いっぱい生きるとは、だれかを励ましたり、癒したり、喜ばせたり、他者のいのちを輝かすことです。このお話の王さまのように自分の幸せや損得しか考えず、他者を愛することなく軽んじたり傷つけたりすれば、結果的に自分のいのちの輝きを失ってしまいます。私たちのいのちは、他者を生かすことで初めて生き生きとしてきます。そして、自分自身のいのちが輝くということが、真の喜びや幸せでもあるのです。朝、目覚めたら、今日という時間をいただいたことに感謝し、今日を精いっぱい生きられるように、祈りをささげたいものです。

平和のしるし

終戦直後のささやかな楽しみ

八月の声を聞くと、戦争と平和についてあらためて考えるという方も多いのではないでしょうか。

私は第二次世界大戦のさなかの一九四二年に、北ドイツで生まれました。父は出征していたので、母は自分でタクシーを呼んで病院に行き、一人で私を出産したそうです。生まれたばかりの私のベッドは、取っ手つきの洗濯カゴでした。当時、我が家のあった町は毎日のように空襲に見舞われていたので、母は空襲警報が鳴ったらすぐにその洗濯カゴを抱えて、防空壕に逃げ込むようにしていたのです。

ある日、町にひどい空襲がありました。その洗濯カゴのおかげで私は九死に一生を得ましたが、我が家の入っていたアパートはその爆撃で全壊してしまいました。隣人のなかには亡くなった人もいました。戦争中はだれもが、生死の境目を生きていたのです。

家を失った母と私は、母方の祖父母の家に引っ越し、そこで一九四五年の終戦を迎えました。終戦のとき、私は三歳でした。人間の記憶というのは三歳ごろから始まるそうですが、その例にもれず、私の記憶も終戦直後あたりから始まっています。戦時中の恐ろしい記憶がないせいなのか、子どもの特権なのかはわかりませんが、いくつかの楽しい思い出が心に残っています。そのひとつはこれです。

ある日、幼稚園を終えた私は、いつものように裏庭のほうにある扉から家に入りました。その扉を開けるとすぐに台所があり、いつも祖母が料理をしたり洗い物をしたりしていたからです。ところがその日は祖母の姿が見当たりません。私は祖母を探すために家の奥へと走っていき、リビングのドアを開けました。そして中を覗きこんだ瞬間、びっくりして立ちすくんでしまいました。リビングは、黒褐色の肌の兵隊でいっぱいだったからです。しかも彼らがいっせいに私のほうを見て、大きな口を開け、真っ白な歯を見せてニッと笑ったのです。兵隊がいっぱい！　家族はどこに⁉　私はわけがわかりませんでした。それにそのとき、私は生まれて初めて外国人を見たのです。

我に返った私は、無我夢中で外に飛び出し、思いっきり走りました。そして走りながら思い出したのです、朝、母に「帰りはパン屋さんに寄るように」と言われていたことを。その日はアメリカ軍が町に進駐してくる日で、町民は自宅をアメリカ兵の宿泊所に明け渡し、近所のパン屋の作業場で過ごすことになっていたのです。パン屋に行ってみると、母がいました。祖父母も叔母たちも、すでに来ていました。隣近所の人や遊び友達もいました。彼らの顔を見て、私はようやくほっとすることができました。

それから数日間、私たちはマットを敷きつめた作業場で寝起きをともにしました。大人たちは将来のことを思って気が気ではなかったでしょう。しかし私は、隣近所の人と一緒に食事をしたり、皆で毛布にくるまってごろ寝をしたり、友達と時間を気にせず遊んだりできるのが、まるでキャンプみたいに楽しくて、ワクワクしながら過ごした数日間でした。

さて、進駐軍が引き揚げた後、町では復興に向けた動きが始まりました。町中が総出で教会や役所を修復したり、互いの家や店を直したりしていきました。

そして夜になると、祖父母の家の裏庭でささやかな宴が催されました。食糧難でしたが、自家製酒を持ってきてくれる人、貴重な食材で酒の肴を作ってきてくれる人、子どもたちにデザートを持ってきてくれる人もいました。近所にギターの上手なおじさんがいて、復員してきた私の父はハーモニカが得意でした。二人が演奏を始めると、それに合わせて皆で歌ったり踊ったりもしました。

まだテレビもなく、貧しくて映画やコンサートに行くこともできず、そんな素朴な娯楽しかない時代でした。しかし、わずかな食べものを皆で分け合い、一緒に笑い、喜び、互いに励まし合った、恵み豊かな時間でした。今でも思い出すと、心がほんわかとあたたかくなります。

喜びを分かち合う

「世界平和のために何をすればいいですか」

そう聞かれたマザー・テレサ（コルカタの聖テレサ）は、次のように答えました。

「家に帰って、家族を愛してください」

愛のある家族が集まって、町が平和になります。そして、平和な町が集まって平和な国になり、平和な国々が集まって世界が平和になっていきます。世界平和の基礎は、家族愛です。

では、愛に満ちた平和な家族になるためにはどうすればいいのでしょうか。だいそれたことは必要ありません。もっとも大切なのは、一緒に食事をすることだと私は思っています。

聖書の中で、イエスはいろいろな人と食事をしています。当時の社会でのけ者にされていた徴税人や罪びとをわざわざ訪ねていって、一緒に食卓を囲むこともありました。それは、ともに食事をするという行為が一人ひとりの存在を大切にし、私たちが人とのつながりのなかに生き、生かされていることを実感できる、愛のしるし、かかわりのしるし、平和のしるしだからです。イエスは、それを私たちに知ってほしかったのです。

現代は共働き家庭が多く、家族揃って食事をするのも簡単ではないかもしれません。もしそうならせめて、クリスマス、お正月、ひなまつりや子どもの日、家族の誕生日など、祝日や記念日に仕事をやりくりして、家族で集まる努力をしてみてください。

そしてともに食卓を囲み、同じものを分かち合って食べ、その喜びを家族で一緒に感じてください。喜びがあるところに、感謝があります。喜びと感謝があるところに、幸福があり、平和があるのです。

子どもたちが輝きながら生きていける平和な社会をつくることは、私たち大人の務めです。一つひとつのご家庭から、ご家庭の食卓から、平和を紡いでいってください。

第三章　ありのままを愛する

聖アンナの癒し

小さな山の大きな奇跡

私が育ったドイツのハルテルンという町の近くには、小さな山があります。今回はその山にまつわる話をしましょう。

むかしむかし、その山はゲルマン民族が神に献げものを供える場所でしたが、十三世紀ごろ、頂上の森の中に小さな聖堂がつくられました。聖堂の中には、だれが置いたのか、聖アンナの木彫りの御像がまつられました。聖アンナというのは、聖母マリアのお母さんです。いつしか人々は、その山のことを「聖アンナの山」と呼ぶようになりました。

さて、時は移って一五五六年。一人の羊飼いが、重い病気にかかってしまいました。何人ものお医者さんに診てもらいましたが、いっこうによくなりません。いろいろな薬を試してみましたが、どれもまったく効きません。途方に暮れた羊飼いは、聖アンナの山に祈りに行くようになりました。

「聖アンナ。どうか私の祈りを、聖母マリアとイエスさまに取り次いでください。もしもみ心にかなうなら、私の体から病気を取り除いてください。痛みを取り除いてください。どうぞ私に平安をお与えください」

羊飼いは来る日も来る日も、聖アンナの前にひざまずいて、一生懸命に祈り続けました。

そうして何カ月かたったある日のことです。祈りを終えた羊飼いは、近くの井戸に行きました。そして水を一杯くんで、いっきに飲み干しました。するとその瞬間、体中の痛みがすーっと消えていくのを感じました。

「なんと不思議なことだ！　何年も苦しんできた痛みが、きれいに消えてしまった。聖アンナが、私の祈りをイエスさまに取り次いでくださったのだ！」

羊飼いは飛び上がって喜びました。この出来事はたちまち知れ渡り、方々から、悩みや苦しみを抱えた人々が聖アンナに祈りをささげに来るようになりました。

一六三九年には、ハルテルンの教会の人々が巡礼団をつくって初めての巡礼を行いました。

それ以来、ドイツ国内だけでなく、周辺の国々からも巡礼者が訪れるようになり、聖アンナの山はドイツでも有名な巡礼地になったのでした。

祖母として母として癒しをくださる方

私が子どものころに所属していた教会というのが、聖アンナの山に初の巡礼を行ったハルテルンの教会です。私たちの教会では伝統的に、毎年七月二十六日、聖アンナの記念日に巡礼に行くのです。巡礼団には、町民のほとんどが参加します。ですから、私が子どものころは二千人近くの大所帯になりました。その全員で行列をつくり、町から山の聖堂まで約二キロの道のりを行進していくのです。

歩きながら、聖歌を歌ったり、お祈りを唱えたりもします。これもまた巡礼者にとっては大きな楽しみであり、恵みでもあります。巡礼のすばらしさは、聖なる場所を礼拝できるというだけではなく、そこに至るまでの過程で、皆で聖歌を歌ったり、お祈りを唱えたり、あるいは黙想をしたりしながら、神を思い、神と語り、神とのつながりを深める時間と機会がもてることでしょう。

山の聖堂に、聖アンナの御像がまつられています。聖アンナの膝には、愛らしい少女の聖母マリア、そして、聖母マリアの膝に幼子のイエスが座っています。この御像は高さ三十〜

四十センチほどですから、それほど大きなものではありません。しかし、聖母マリアと幼子イエスを見守る表情、聖母マリアの腰に添えられた手などから、聖アンナのあふれんばかりのあたたかさと愛を感じることができます。

聖アンナについて、新約聖書の中では述べられていませんが、二世紀ころにつくられたとされる外典「ヤコブ福音書」によれば、ながいあいだ子どもに恵まれず、四十歳のころにようやくマリアを授かったといわれています。当時の女性にとって、子宝に恵まれないことは非常に肩身の狭いことでした。また、四十歳といえば、当時としてはかなりの高齢です。そうした年齢で子どもを産み育てていくことは、喜びであると同時に、将来への不安も大きかったのではないでしょうか。そのように思い巡らしてみると、聖アンナは女性として、人間として、多くの苦しみや悲しみを乗り越えながら人生を送った人だったのではないかと思うのです。

御像の聖アンナからも、人生を知り尽くした女性の慈愛と大らかさが感じられます。すべてを理解して受け止め、ゆるしてくださる、祖母のような賢さと包容力も感じます。丸ごと包み込んで守ってくださる、母のようなあたたかさと強さも感じます。

聖アンナはたくさんの愛に満ちた人でした。聖アンナに祈りをささげるとき、私たちはそうした愛に包まれて、慰めと癒しをいただけるような気がします。

ハルテルンの聖アンナの山は、六月から巡礼シーズンに入り、毎週日曜日には各国からたくさんの巡礼者が訪れて、皆で盛大なミサをささげます。それは何世紀も変わらない光景です。今年も大勢の方が聖アンナの愛に癒されることを願ってやみません。

奇しき薔薇の花

聖母マリアへの美しい祈り

イエスの母、聖母マリア。私たちは聖母マリアをいろいろな呼び名で讃えます。おとめマリア、神の母、十字架の母、真実のおとめ、正義の鑑、喜びの源、天の門、暁の星、罪びとの拠りどころ、病者の快復、天使の元后（女王）、平和の元后。ほかにもたくさんの呼び名があります。

カトリックには、聖母マリアにさまざまな呼び名で呼びかけて執り成しを願う、「聖母マリアの連祷《れんとう》」という祈りがあります。三百年以上前から続いている伝統的で美しい祈りです。最近はなじみが薄くなったかもしれませんが、私が子どものころは家庭でも教会でもよく唱えていました。その連祷の中に、「奇《くす》しき薔薇《ばら》の花」という呼びかけがあります。「奇しき」というのは古典的で美しい響きの言葉です。「神秘的な」「霊妙な」という意味です。

薔薇にはトゲがあります。トゲ、茨《いばら》は、聖書の中では罪、汚れ、悪の象徴ですが、奇しき薔薇はトゲが一つもない薔薇。すなわち罪や汚れがまったくない、完全な美しさと清らかさをもつ聖母マリア、ということになります。

奇しき薔薇の花、聖母マリア。私はあるときから、この美しい呼びかけがとても好きになりました。それはこんな出来事がきっかけでした。

トゲがあっても薔薇は清らかで美しい

四十年ほど前、私立の男子中・高等学校に赴任した私は、中学一年生を受けもち、担当教科以外にキリスト教入門講座を指導することになりました。司祭に叙階されてわずか数年だったこともあり、使命感に燃えて熱心に教えました。ところが五年たっても、洗礼志願者が現れませんでした。教え方が間違っているのではないか、何が悪いのだろうかと悩むうちに、心のなかに罪が潜んでいるのではないかと気になり始めたのです。つまり、日本の若者に神のすばらしさを伝えたいという純粋な気持ちで取り組んでいるつもりでしたが、「たくさんの生徒に洗礼を授けた」という満足感や優越感、「大勢の日本人を洗礼に導いてすごい」と褒められたい欲望が、知らず知らずのうちに心のなかに湧いていたのではないか、と心配になってきたのです。そして心を清めるために、次のように祈りました。

「私自身は洗礼を授けるという喜びをいただきません。洗礼志願者が出たら、洗礼はほかの司祭に授けてもらうことを約束します。ですから、生徒たちが洗礼の恵みにあずかることができますように」

するとと、二週間もしないうちに、洗礼志願者が三人も現れたのです。そのときは、「やはり心を百パーセント清らかにしないといけないのだ」と思いました。しかしその後、いろいろな経験を重ねてみて、それが若気の至りだったことに気づいたのです。

トゲのない薔薇は完璧な美しさです。しかし、たとえトゲがあっても薔薇は美しく、清らかさや気品が損なわれることはありません。それと同じで、たとえ私の心に満足感や賞賛を得たいというトゲがあったとしても、生徒を神の道に導きたいという純粋な思いがあったことは間違いありません。それならば、その純粋な思いを大切にして、今まで以上に情熱を傾けて指導すればよいのです。完璧さを追い求めることは大切ですが、トゲがあっても美しく咲き続けられるように努力する。それが私たちのなすべきことです。「奇しき薔薇」という言葉が心に深く響くようになったのは、そんな気づきがきっかけでした。

小さな愛が花を咲かせる

人間である私たちは、さまざまな罪を犯してしまいます。しかし罪に目を向けてばかりいると、「また失敗した」「私はダメだ」と、自己否定や自己嫌悪に陥ってしまいます。また、過去に犯した罪を振り返ってばかりいると、そこにとどまってしまい、前に進めなくなります。罪に気づいたらそれを素直に認め、心からゆるしを願えばいいのです。神はゆるされる方です。ゆるしをいただいたら、胸を張って前に進んでいくことです。

罪や汚れではなく、心のなかの美しさ、清らかさに目を向けましょう。そしてその美しさ清らかさを、より大きく咲かせるのです。どうやって? 周りの人を大切にしたり、弱い人の力になったり手助けをしたりするのです。英雄的な行為は必要ありません。微笑みかける、挨拶をする、励ます、寄り添う。小さなことでいいのです。アッシジの聖フランシスコの「平和を求める祈り」の最後の部分に、「慰められるよりは慰めることを、理解されるよりは理解することを、愛されるよりは愛することを、私が求めますように」と、あります。人から慰めや理解や愛をもらうことを期待するのではなく、まず自分からだれかを慰め、理解し、愛するのです。それが心の美しさを咲かせ、奇しき薔薇に近づいていく道です。
最後に一つ、宿題をさしあげましょう。「聖母マリアの連祷」に出てくる聖母マリアの呼び名のなかで、あなたが好きなものを探してみてください。そして、なぜそれが好きなのか、なぜその呼び名が心に響くのか、ゆっくり考えてみましょう。これからのあなたの人生のヒント、生きる道に出会うことができるかもしれません。

「聖母マリアの連祷」の中のマリアの呼び名

天主の聖母／童貞のうちにていとも聖なる童貞／キリストの御母／天主の聖寵の御母／いと潔き御母／いと操正しき御母／終生童貞なる御母／きずなき御母／愛すべき御母／感ずべき御母／善き勧めを賜う御母／創造主の御母／救世主の御母／いとも賢明なる童貞／敬うべき童貞／誉むべき童貞／力ある童貞／寛仁なる童貞／信実なる童貞／正義の鑑み／上智の座／われらが喜びの源／霊妙なる器／崇むべき器／信心のすぐれたる器／奇しき薔薇の花／ダヴィドの塔／象牙の塔／黄金の堂／契約の櫃／天の門／暁の星／病人の快復／罪人の拠り所／憂き人の慰め／キリスト信者の助け／天使の元后／太祖の元后／預言者の元后／使徒の元后／殉教者の元后／証聖者の元后／童貞者の元后／諸聖人の元后／原罪なく宿りし元后／被昇天の元后／いと尊きロザリオの元后／平和の元后

『公教会祈祷文』（カトリック中央協議会編）より

ゆるし合うこと

寒さ厳しい冬から光あふれる春へ

私の母国ドイツは、日本よりもかなり北に位置しているので、冬の寒さははるかに厳しいものです。太陽が出ている時間が少なく、薄暗いことも特徴でしょう。冬の間は、午前十時ごろにならないと明るくなりませんし、日が沈んで暗くなるのは午後四時ごろです。私が子どものころは、街灯もまだじゅうぶんに設置されていなかったため、朝、登校するころは辺りは真っ暗。そして授業が終わると、友達とゆっくり話したり遊んだりする余裕もなく、急いで家に帰りました。ですから、春の訪れがとても待ち遠しかったのです。

一年で昼間の時間がもっとも短いのは、ドイツでも十二月二十三日前後です。そしてその後、少しずつ日が長くなっていきます。天文学者たちの研究によれば、イエスが実際に生まれたのは四月ごろなのだそうです。それはそれとして、闇に閉ざされた冬が終わり、光あふれる春へと向かっていく様子は、「救い主の到来」というイメージと重なります。そのようなことから、北ヨーロッパで十二月二十四日の日没からイエスの誕生を祝うようになり、その後、世界に広まったのです。

そのクリスマスから数えて八日目は、「神の母聖マリア」の祭日。幼子イエスと、その母であるマリアをお祝いする日で、ちょうど一月一日。新年の幕開けにあたっています。イエスが新しい世界を、母であるマリアが新しい年を、私たちに授けてくださるのです。クリスマスから新年にかけての時期がとりわけ恵み深く、喜びと希望に満ちあふれたものに感じられるのは、そのせいではないでしょうか。

一年間の自分を振り返る

私が神学生時代を過ごしたドイツの神学院では、毎年、大みそかの夜になると、院長がその年に起きたおもな出来事を一つひとつ紹介し、スピーチを行っていました。一年の間には、うれしい出来事もあれば悲しい出来事もありますが、そのすべてを神からの贈りものとして受け入れ、皆で豊かな恵みに感謝するのです。

これに倣って、私もクリスマスからお正月休みの間に自分自身の一年間を振り返り、黙想するのが常になりました。そのときは次のように自分自身に問いかけます。

私は今の生活や仕事に満足しているだろうか。もしも現状に満足していないとすれば、何を改善すればいいのだろうか。この一年に学んだこと、気づいたこと、悟ったことは何だろうか。反省したり、見直すべきことは何だろうか。昨年と比べて、私はどれだけ成長できただろうか。来年もっと成長するには、どうすればいいのだろうか。そして、この一年の出来事をとおして、神は私に何を教えようとしているのだろうか――と。

今から約三十年前の年の暮れ、このような黙想をしながらとても反省したことがありました。そのとき、私は四十歳。大学院を卒業し、神戸にある中高一貫教育の男子校の教師になって六年がたっていました。四十歳といえば、世間的に見れば立派な社会人です。ところが私の所属するイエズス会にはベテランの先輩が大勢いて、何かと面倒を見たり、指導してくださることが少なくありませんでした。私自身それに甘えて、完全に独り立ちできていないことに気づかされたのです。

一念発起した私は、自分の力で新しい活動にチャレンジし、責任をもってこれを運営していこうと心に決めました。そうして設立したのが、生徒の父親を対象にした聖書の研究会

「父親会」と、神戸在住のドイツ人のための「ドイツ人教会」でした。

父親会は子どもとのかかわり方や教育について考える会で、その土台となる価値観として、キリスト教の教えや聖書のみ言葉を皆で学んでいました。ドイツ人教会のほうは、母国を離れて暮らすドイツ人たちの貴重な集いの場になりましたし、近くのプロテスタント教会の方々と定期的に祈りの会を開いて交流を図るなど、幅広い活動を行いました。そしてどちらも私には良い教師、良い司祭を目指すうえで大きな成長の場になったのです。

ゆるすとは、相手に生きる場を与えること

日本でも年が改まるのを機に、新年の抱負や目標を考える習慣があると思います。そこで私から皆さんに提案です。ぜひ、自分自身の成長につながる目標を立ててみましょう。たとえば、「ゆるし合う」ということをテーマにするのはいかがでしょうか。

私たちは神から、そして周りの友人たちから、たくさんの罪をゆるしてもらっています。ところがいざ、自分以外のだれかをゆるそうとすると簡単にはできません。あえてその難しいことにチャレンジしてみるのです。ゆるすとは、言い換えれば相手にやり直す機会を与え

て、もう一度生きる環境をつくってあげるということです。相手に新たないのちを与えて、再び生かすということです。とくに相手が子どもの場合、ゆるしを与えることは非常に重要です。罪を犯してしまった子どもが、もしも家族や先生、周りの人たちからゆるしてもらえなかったら、努力も成長の機会も奪われ、「あなたの一生はこれで終わりだ」と言われているのと同じになってしまうからです。

ゆるすには、相手のなかにある善を信じることが必要です。その人が回心して、良い人間に生まれ変わる可能性に期待をかけるのです。そして、「今度はきっとうまくいくから、がんばって」と励ますことです。あとでがっかりさせられることもあるかもしれません。しかしなにごとにおいても希望をもつことが大事です。

イエスは十字架に架けられたとき、自分を殺そうとする者にもゆるしを与えられました。これほど寛大で、愛と慈しみにあふれたゆるしがあるでしょうか。私たちもイエスに一歩でも近づけるように、イエスに倣って、ゆるし合う努力を続けていきましょう。

自分自身を愛していますか

子どものころの苦い思い出

私の家族は私が小学校三年生のときに、父の出身地である町に引っ越し、私はその町の学校に転校しました。ドイツでは小学校低学年の社会科で、自分が住んでいる地域の歴史について学びます。転校したときにはすでにその授業が終わっていたので、私は補習のために、放課後、先生の家で指導を受けることになりました。

私は勉強が大好きでした。それに私一人のためにわざわざ補習をしてくれるのですから、ありがたいことです。しかし、放課後に勉強道具を持って町を歩いていたら、「勉強が遅れている」と公言しているようなものです。正直なところ、それがとても屈辱的に感じられたのです。子どもっぽいプライドだったのかもしれませんが、町の人たちに「勉強ができない子」と思われるのが恥ずかしくて、先生の家への行き帰りが嫌で嫌で仕方がありませんでした。

一日も早く補習を終えたくて、私は必死に勉強しました。毎回、町の歴史や伝説を暗記するという課題が出されたのですが、Ａ４用紙二枚分ほどの内容をノートに書き写しながら暗誦し、また書き写して暗誦し……という方法で覚え、課題をもらった翌日には、一言一句、間違えずにスラスラ言えるようにしたのです。そのおかげで、一年間続ける予定だった補習を、二カ月で終えることができました。「もうこれで補習に行かなくてすむ」とわかったときは、晴れ晴れした気持ちになりました。

ありのままの自分を受け入れる難しさ

子ども時代のちょっとほろ苦い体験をお話ししたのにはわけがあります。

「隣人を自分のように愛しなさい」（マルコ12・31）

これはイエスが私たちに教えてくださった、もっとも大切な二つの戒めの一つですが、皆さんは自分自身を愛することができているでしょうか。イエスが言われる「自分を愛する」とは、自己陶酔やナルシシズム、うぬぼれといった意味ではありません。自分をありのままに受け入れる、現在の自分をそのままで認める、ということです。

実は、これは簡単なことではありません。というのは、だれでも何らかの劣等感やコンプレックスをもっているものです。それらが自己を嫌悪したり否定する感情を生むと、自分をありのままに受け入れることができなくなるからです。

自分を受け入れることができない人は、他者にもなかなか心を開くことができません。「私など取るに足りない人間だから、愛されるわけがない」、「私のことなんて、だれも理解してくれるはずがない」と思い込んで、他者を遠ざけるようになったりします。だれかが親切にしてくれても、「下心があるのではないか」と疑心暗鬼になることも多いものです。「どうせ私なんて……」というのが口癖になって、人から敬遠されることもあるでしょう。

また、他者を受け入れることができないと、神を心から愛することも難しくなります。神は私たち一人ひとりをありのままに受け入れ、愛してくださっていますが、そのような無条件の大きな愛を信じることができないからです。

劣等感やコンプレックスは、多くの場合、過去に経験したつらい出来事や悲しい出来事に起因しています。その出来事によって、心に傷がついてしまったのです。私にとって小学校時代のあの補習は、六十年以上も前の出来事なのに、今思い出しても恥ずかしくなります。たとえば課題図書を与えて家で自習をさせるとか、ほかに方法があったのではないか、と真剣に考えてしまうほどです。

しかし過去をやり直すわけにはいきません。嫌な思い出をなかったことにできるわけでもありません。それなら、どうやって心についた傷を癒せばいいのか。その方法をご紹介しましょう。

苦しい体験のなかにも豊かな恵みがあふれている

心の傷を癒すには、劣等感やコンプレックスのもとになっている出来事と向き合ってみることです。つらい出来事であっても、それは私たちの人生の一部。かけがえのない大切な時間です。その出来事があったからこそ、学んだこと、気づいたこと、わかったことなど、糧になったことがあるはずです。それを見つけて、味わってみるのです。

私の場合は、補習でたくさんの歴史や伝説を暗記しました。ですから、暗記は得意です。記憶力にも自信がつきました。また、書きながら暗記していたので文章を書く訓練になりました。それが今でもこうして役立っているのではないでしょうか。町のはずれの森の中で、旅人を驚かすこびとの話。金貨がざくざく埋まっている巨大な墓の話。そんな伝説や民話もたくさん覚えましたが、その影響なのか、大人になって童話のようなものを書くようにもなりました。

私が住んでいた町は、西暦九年にゲルマン民族とローマ帝国が戦った、有名な「ヴァルスの戦い」があったところでしたから、古代の歴史に詳しくなりましたし、歴史全般が好きになりました。また、遺跡や遺物が多数発掘された町であり、それらを収めた有名な博物館もあるので、考古学にも興味をもつようになりました。

こうして振り返ってみると、嫌な思い出だと思っていた出来事のなかに、たくさんの豊かな恵みがあったことがわかります。それを経験したからこそ、成長し、今があるのです。

皆さんも子どものころや青年時代の出来事を振り返って、そこに散りばめられている恵みを一つひとつ、大切に味わってみてください。そうすると、今の自分がいかに大きく成長できたかを実感することができるでしょう。あなたはそれだけ価値のある、愛されるにふさわしい存在なのです。どうぞ自分を愛してください。

ありのままの自分を愛することができたとき、感謝の気持ちが自然と湧いてきて、心は真の喜びでいっぱいになるでしょう。

あわれみの福音

徴税人とイエスの出会い

子どものころ、父はよく夕食前に私たちきょうだいを集めて、聖書の物語を話して聞かせてくれました。心躍る楽しいひとときでした。父が話してくれる聖書の物語はドラマチックで、やさしさに満ち、とても素敵だったのです。

聖書にはしばしば徴税人が登場します。父も税関に勤めていたので、「父さんの仕事は聖書にも載っているんだよ」とちょっと誇らしげに、徴税人にまつわる話はとくに熱心に話して聞かせてくれたものです。聖書の時代の徴税人は、ユダヤを支配していたローマのために同朋のユダヤ人から税を徴収していました。しかも決められた額より多い金額を取り立てていたので、同胞を欺く罪びととみなされ、軽蔑されていました。

「徴税人は、腰のベルトに二つの袋を下げていたんだ。一つは小さな袋、もう一つは大きな袋。小さな袋にはローマに納める税金を入れ、大きな袋には自分のものにするためのお金を入れたんだよ」、父がしてくれたこの説明は、今でも忘れられません。

「自分でもらうほうが多いんだ！」「ずるい、ずるい」

大騒ぎの私たちに向かって、父はよくこういったものです。

「でもそういう罪びとも、イエスさまに出会うと心を入れ替えて、良い人になるんだよ」

聖書に登場する徴税人といえば、レビやザアカイという人がいます。レビの話は、ルカ福音書（5・27〜32）に書かれています。ある日、レビが収税所に座っていると、イエスが通りかかり、「私に従いなさい」と呼びかけました。レビはすぐに立ち上がり、何もかも捨ててイエスに従いました。そして仲間の徴税人や他の人々を招き、自分の家でイエスのために盛大な宴会を催したのでした。

金持ちの徴税人の頭《かしら》、ザアカイの話は、同じくルカ福音書（19・1〜10）に書かれています。ある日、町にイエスが来ると知った彼は「一目見よう」と出かけますが、大勢の人が集まっており、背の低いザアカイには何も見えません。そこで走って先回りし、木に登りました。そこへイエスがやって来て、木の上のザアカイに、「ザアカイ、今日、ぜひあなたの家に泊まりたい」と呼びかけました。ザアカイはすぐに木から降り、イエスを迎えて、「財産の半分を貧しい人に。そしてだまし取った人には四倍にして返します」と約束したのでした。

さて、私の父も言っていたように、レビとザアカイはイエスとの出会いによって回心します。しかもすぐに、です。イエスは説教をしたり、「仲間から金をとってダメじゃないか」などと戒めたりはしていません。それなのになぜ、彼らは回心できたのでしょうか。

それは、イエスの人格、イエスの人柄、イエスという人そのものが、彼らの心の扉を開いたからです。ルカ福音書の作者であるルカが伝えたかったメッセージは、それなのです。

神のやさしさを描いたルカ

ルカ福音書は、「あわれみの福音書」とも言われます。イエスのやさしさ、あたたかさ、あわれみ深さが主題になっているからです。たとえばイエスは木の上のザアカイに名前で呼びかけます。「そこのあなた」とか「そこの罪びと」などと言いません。名前で呼びかけるのは、その人の人格を認め、存在を受け入れ、その人のいのちを貴び「かけがえのない人」と思っているしるしです。嫌われ者だったザアカイは人から名前で呼ばれたことなどなく、軽蔑の視線にさらされ、孤独や寂しさを感じていたに違いありません。背が低いということも劣等感だったでしょう。そんな彼が、「ザアカイ」と呼んでもらえたのです。しかもイエスは、「今晩、ぜひあなたの家に泊まりたい」と言ってくださった。ザアカイにとって生まれて初めて自分が必要とされ、だれかの役に立つことができると実感した瞬間だったはずです。ザアカイはどれほど感動し慰められ、癒されたでしょう。そして同時に、今までそれほどまでに愛してくださっている神から、ずっと遠く離れていたことに気づいたのです。イエスの呼びかけは、ザアカイだけに向けられているのではありません。聖書を読む私たち一人ひとりに向けられています。「イエスはあなたを知っている。あなたの存在を認め、愛し、いつもそばにいて名前で呼びかけてくださる」、ルカは私たちにそう語りかけています。

ところで、ルカの生涯についてはよくわかっておらず、伝説的に「医者だった」と言われていますが、定かではありません。生まれながらにしてギリシャ語を話す人だったことは確かなようで、レトリックに富んだ美しいギリシャ語で福音書を著しました。また彼はギリシャ文学に精通し、文学的に非常に高い素養をもった人でもありました。豊かな情景描写や人物描写でたとえ話やエピソードを描いていることからも、それは感じられるでしょう。代表的な例は「放蕩息子のたとえ」(15・11〜32)です。ご存じの方もそうでない方も、これを機に聖書を開いてゆっくりと味わってみましょう。放蕩の限りを尽くした末に回心して帰宅した次男を、父は走り寄って迎え、抱きしめ、いちばん良い服を着せ、子牛を屠って盛大な宴を開き喜びます。「神は、まさにこの父のような方なのだ」とルカは伝えようとしています。

この話にはもう一人の息子、長男が登場しますが、怒りと傲慢さに支配された長男の心をルカは繊細な描写で描きます。彼は父を「あなた」と言い、弟のことを赤の他人のごとく「あなたのあの息子」と言い捨てるのです。

さらに、非常に興味深いのがエンディングです。父が長男に最大の愛情を込めて語りかけますが、話はそこで終わっています。父の言葉を聞いた長男がその後どうしたのか、ルカは書きませんでした。自分の過ちに気づき、悔い改めて父や弟と一緒に晩餐の席につき、喜び祝ったのか。それとも、なおも父に対して心を閉ざし続けるのか。ルカはその答えを読者にゆだねたのです。それは私たち一人ひとりが、わが身を振り返って考えてみるべき問題だからです。そして私たちの答えがどうであっても、父である神の愛は変わることなく今そこに存在し、私たちを招いているということなのです。

ルカ福音書をとおしてあらためて、神の寛大さ、無限の愛、あわれみ深さを感じてみてください。きっとザアカイのように心が癒され、あたたかさと喜びがあふれてくることでしょう。

第四章

導き、導かれる生き方

二月の思い出

断食はイエスへの感謝を込めて

二月が近づいてくると思い出すのは、子どものころの四旬節のいろいろな出来事です。四旬節というのは、復活祭に向けて準備をする期間で、この言葉自体には「四十日の期間」という意味があります。イエスは洗礼を受けた後、霊に導かれて荒れ野に行き、四十日間の断食をされました（マタイ4・1〜11参照）。それに倣って、私たちも四十日の間、断食と祈りに努めながら、復活祭を祝うのにふさわしい心をつくっていくのです。

四旬節の過ごし方は、一九六二〜一九六五年に開かれた第二バチカン公会議で、現代の社会生活に合うように見直しが図られて、断食を行うのは、四旬節の初日にあたる灰の水曜日と、イエスが十字架に架けられて亡くなられたことを祈念する聖金曜日の二日間になりました。それ以前は、四十日間、毎日、断食を守るのが伝統でした。

ところで皆さんは、断食というとどのようなものを想像されるでしょう。仏教やイスラム教など、諸宗教に断食の習慣があると思いますが、やり方はそれぞれ違うようです。カトリックでは、「一日に一食はお腹いっぱいに食べ、それ以外は軽くすませる」、という方法が勧められています。

しかし、食事をとらないとか、軽い食事ですませる、ということが大切なのではありません。大切なのは、私たち一人ひとりが何らかの犠牲を払うことをとおして、イエスの受けた試練と苦しみ、十字架上の痛みと死を追体験して、イエスの愛に感謝をするということです。感謝はいつも、言葉や心だけでなく、行動で表すことが必要ですし、また、行動だけでなく、言葉や心も必要なのです。ですから、感謝の心が伴っていなかったり、食事以外のところで贅沢をしていれば、断食が決まりどおりできたとしても、意味がなくなってしまいます。

また、子どもと高齢者は健康のためにじゅうぶんな栄養を摂ることが必要なので、断食をしなくてもいいことになっていますが、食事のかわりに別な犠牲を払う、何かをがまんする、というのが本来の目的にかなう心や行動だといえるでしょう。

四旬節に学んだ、がまんすることの大切さ

私が子どものころ、我が家の昼食後のデザートといえば、決まって母の手作りのプリンでした。しかし、四旬節の間は家族中でこれをがまんすることになっていました。贅沢なごちそうも控えました。また、私たちきょうだいは両親と相談して、お菓子をがまんすることにしました。よく祖父母や親戚から、キャンディやチョコレート、クッキーなどをもらうことがあったのですが、四旬節の間はもらっても食べずにがまんして、大きなガラスビンに入れるのです。

ビンの中のお菓子が少しずつ増えていくのを見ながら、イエスのために犠牲を払うことができた誇らしさ、両親との約束を守ることができたうれしさを感じたものです。ビンにためたお菓子は、復活祭の日に、きょうだいや近所の友達と分け合って食べるのです。その楽しいひとときを想像しながら、復活祭を待ちわびたこともなつかしい思い出です。

自分のやりたいことを優先しないで、ほかの人の世話をする、ほかの人のために働くということも、四旬節の精神にかなった節制の一つです。私は五人きょうだいの長男だったので、

下のきょうだいたちの宿題を見たり、自転車の練習に付き合ったりしました。相談ごとを聞くのも私の役目でしたし、人形の足を直したり、テディベアの目を縫い付けたりするのも得意になりました。中学校に上がると、放課後、友達との遊びを早めに切り上げて教会で祈るようになり、高校に入ると、金曜日に「十字架の道行き」の祈りをするようになりました。

十字架の道行というのは、受難の道のりが描かれた絵画やレリーフなどを使って、イエスの苦しみを追体験しながら黙想する祈りです。一年中、いつでも行うことができるのですが、とくに四旬節の間の金曜日に行うのが習慣でした。私は毎週金曜日に、高校の授業が終わると、祈りの本をもって教会に行くようにしていました。静まり返った聖堂の中で一人、十字架の道行をしながらイエスを思い、祈りをささげるのはとても豊かな時間でした。

子どものころの私はこのような四旬節を送っていたわけですが、その節制した生活をとおして、がまんすることの大切さを学ぶことができました。

母はよくこんなことを言っていました。

「見るものをすぐにほしがったり、食べたいからといって、何でもすぐに食べてはいけません。それは動物のすることですよ」

誘惑に負けずにがまんし、自分をコントロールするというのは、人間らしく生きていくための基本といえると思います。また、自分の楽しみを優先せずに、人のために働くことのすばらしさ、意義深さも学びました。それはのちに、イエズス会に入って神や社会のために働く道へとつながっていった気がします。

振り返ってみると、四旬節は私が一人の人間として成長していくうえで、貴重な教育の機会になっていたように感じます。それは宗教生活の大きな意義の一つといえるでしょう。

ところで、現代ならどのような犠牲、節制が考えられるでしょうか。子どもなら、テレビやゲームで遊ぶ時間を減らす、家の手伝いをする。大人なら、お酒やたばこ、コーヒーなどの嗜好品をがまんする。早く帰って子どもと過ごす時間を増やす。いろいろありそうですね。四旬節を前に家族でいくつか約束ごとを決めて、四旬節の意義にかなう日々を過ごしてみるのもいいかもしれません。

道を整える

修練院の二年目は実社会に飛び込んで

人生の新たな旅立ちを前に、ワクワクしたり、不安で少しドキドキするようなことは、だれもが経験したのではないでしょうか。私の人生における大きな旅立ちは、神の呼びかけに応えてイエズス会に入会した二十歳のときでした。

イエズス会に入会すると、まず、二年間は修練院で修道生活を学びます。一年目は、修練院から出ることはほとんどなく、ひたすら祈りと黙想の日々を送ります。そして、イエズス会の歴史や霊性を学び、イエズス会士としての生き方を身につけていきます。二年目になると、次の段階に進みます。修練院は社会から隔てられた特殊な環境です。しかし、実社会に出れば誘惑や雑音がいっぱいです。どのような場所にいても祈り、黙想し、修道者として生きていくことができるように、二年目には実社会のなかで働く訓練を行うのです。

私は一カ月間、大学病院に住み込んで、看護の手伝いを経験しました。毎朝、六時に起きて、病院内の聖堂でミサにあずかり、七時から病棟で仕事です。私の担当は、四十四人の脳溢血の男性患者さんたちでした。病気のためにほぼ全員が体のどこかに麻痺をもっていたので、洗面、ひげそり、トイレ、食事など身の回りの世話をし、また、一緒に散歩に出かけたり、話し相手になったりしました。亡くなった方がいれば、その方の体を拭き清めて棺に納め、また、遺族の方たちに寄り添って悲しみを慰めたりもしました。

一日の仕事が終わるのは午後五時。それから自室に戻って祈りと黙想の時間です。疲れ切っているので、座っていると居眠りをしてしまいます。ですから立ったまま祈ったり、歩きながら黙想したり、信仰生活をおろそかにしないようにいろいろな工夫をしたものです。

思いどおりの介護ができなかったときや、親しくなった患者さんが亡くなったときは、やはり落ち込みます。しかしその気持ちを引きずっていると、翌朝からの仕事に差し障ります。どのような出来事が起きても受け止める心の強さも、身につけていきました。このようにして私は、司祭になるための道を整えてきました。

「主に先立って行き、その道をととのえる」（ルカ1・76）

これは、洗礼者ヨハネの誕生と使命を預言した「ザカリアの賛歌」の一節です。ご存じのように洗礼者ヨハネは、イエスが救い主として歩まれる道を整えるために、この世に生を受けました。

私はこの一節が好きで、司祭叙階の際の記念のご絵にも記したほどですが、そのとき同時に、次のように心に誓いました。自分の内にある傲慢やエゴイズムを取り除き、これからも主を心の奥深くに迎え入れる道を整え続けよう。そしてもっと主と親しくなり、ほかの方々のためにも主の道を整える司祭になろう――と。今もこの気持ちに変わりはありません。

十年後の自分を想像し道を整える

旅立ちの季節にふさわしく、皆さんも、それぞれの人生の道を整えてみてはいかがでしょうか。

そのときのキーワードは、「十年後」です。今四十五歳の方なら、「五十五歳の自分」を想像してみてください。子どもが成長して手を離れ、自由な時間がたっぷりもてるようになっているかもしれません。そのときに何をしていたいですか。もしもボランティアをしたいのなら、どんなボランティアが自分に合っているのかを考えたり、そのために知識やスキルが必要なら、今から少しずつ身につけていくのもいいでしょう。

八十歳の方は、「九十歳の自分」を想像してください。そのころに現役でがんばり続けているためには、今からますます健康管理に気をつけておかなければいけません。

自分のことだけでなく、「周りの人たちの十年後」にも心を配りたいものです。親は子どもの十年後のために、おじいちゃんおばあちゃんは孫の十年後のために、会社の経営者は後継者が安心して経営にあたれるように、技術者は技術を次代に引き継いでいくために、それぞれ、今からしておくべきことがあるはずです。

私は女子高校の校長をしていたとき、生徒たちに「十年後の自分を想像しましょう。そして十年後の自分のために、必要な準備をしていきましょう」という提案をしました。すると生徒たちは、「十年後、ファッションデザイナーになりたい」、「ネイルアーティストになってお店を開きたい」と、夢や希望をふくらませるようになりました。それによって目標が明確になり、モチベーションが上がり、表情まで生き生きとしてきたのです。

未来を見つめることは大切です。未来には、夢、希望、喜びがあるからです。目先のことにとらわれるのではなく、十年後という少し先に目を向けると、そのような明るい光に気づくことができるでしょう。

小さな決心で心を磨いていく

十年後の自分のために、心も整えておきたいものです。もっと親切な人間になるために、周りの人たちともっとあたたかな関係を築くために、もっと人のために働ける人間になれるように、心を育てるのです。そのためのいい方法があります。

毎日一つの決心をして、それをやり遂げるのです。難しい決心をすると、かえって心が疲れてしまいます。ですから、「今日はだれかを励まそう」、「一日中、電車で座らないようにしよう」、「家族のだれかにありがとうと言おう」など、簡単で、楽に達成できることでかまいません。小さな決心を積み重ねることで、心が少しずつ磨かれていくことでしょう。

十年後、もっと美しく、もっとやさしいあなたになっているように、今日から準備を始めてみませんか。

人生のお手本

若き修練者を励まし勇気づけてくれた大先輩

皆さんはこれまでの人生のなかで、どのような人からどのような影響を受けたでしょうか。私には影響を受けた人が何人かいます。その一人はイエズス会の修練長です。

高校を卒業してすぐにイエズス会に入会した私は、最初の二年間を北ドイツにある修練院で過ごしました。彼はそこの院長でした。創世記の十五章で主がアブラハムに、「わたしはあなたをカルデアのウルから導き出した主である」と語りかけます。この言葉には、狭いところから広いところへ導き出したという意味がありますが、修練長はまさに、私に広い視野を与え、広い世界へと導いてくれた人です。

当時その修練院では、毎週日曜日に、入会したばかりの一年生が二人一組になって近くの教会に行き、日曜学校の子どもたちに話をしたり、一緒に遊んだりすることになっていました。子どもだけでなく、子どもたちの両親や祖父母などご家族も覗きにやって来ます。若い修練者がどんな話をするのか、どんなふうに子どもと接するのか、興味津々なのです。

ところが、私たちはまだ聖書も神学も本格的な勉強はしていません。人生経験もたいしてありません。子どもたちは正直ですから、話が退屈だとすぐにそわそわし始めます。神学的に間違ったことを言ったりすれば、ご家族はどう思われるでしょう。私たちのせいで、イエズス会の評判が下がってしまうかもしれません。そんな不安を抱えた私たちに、修練長はいつも励ましの言葉をかけてくれました。

「あなたは聖書の朗読が上手ですね。子どもたちに聖書を読んであげたらどうですか」「あなたの歌声はとてもきれいですよ。みんなで聖歌を歌ったらどうでしょう」「あなたはユーモアの才能がありますね。このあいだのおもしろい話を、子どもたちにもしてあげたらどうですか」

こんな具合に、長所や得意分野、すぐれている点を見つけて、いつも褒めてくれたのです。欠点や短所を指摘されたり、できないことを責められたりしたことは一度もありませんでした。また、「あなたならできるから、やってごらんなさい」、そう言って私たちのことを信頼してくれていました。その証拠に院長は、新人の修練者二人だけで教会に行かせ、自分は同行したことがありませんでした。正直なところ、私たちが立派に務めを果たせるかどうか、心配で仕方なかったに違いないのです。それでも彼は、信頼を態度と行動で示してくれました。私たちはそれがうれしくて、一生懸命に練習し、勉強し、工夫しました。おかげで私たちは、自信をもって人前で話せるようになったのです。

愛がいっぱいのサプライズパーティー

修練院で迎えた初めてのクリスマスもとても印象深く心に残っています。

クリスマスの当日、修練院ではふだんとまったく同じ一日が過ぎ、そのまま消灯になりました。ところが深夜になって、私は廊下から聞こえてくる歌声で目が覚めました。「今日、イエスさまがお生まれになった」というグレゴリオ聖歌です。歌声は私たちの部屋に近づき、扉が開くとそこにはキャンドルを持った二年生たちがいました。彼らに促されて廊下に出ると、廊下の両脇には小さなキャンドルがずらりと並べられていました。その幻想的な光の道を通って聖堂まで歩いていくと、聖堂も美しいクリスマスツリーと馬小屋で飾られていました。その荘厳な雰囲気のなか、私たちはみんなでクリスマスのミサをささげました。

ミサの後は食堂に集まって、ケーキとチョコレートとお茶でパーティーです。ふだんは沈黙を守って静寂が満ちている修練院も、その夜はおしゃべり、笑い声、聖歌の歌声でにぎやかでした。勉強部屋に行ってみると、そこにもキャンドルが灯され、それぞれの勉強机にクリスマスプレゼントが置いてありました。雑誌の切り抜きをコラージュしたカード、聖句を添えたメッセージカード、手書きのイラスト入りの絵はがき。どれも二年生の手作りでした。

廊下のキャンドルも、聖堂のツリーも馬小屋も、そして食堂のお茶もケーキも、私たち一年生がベッドに入ってから、二年生と修道士が総出で準備してくれたのです。贅沢なものは何もありませんでしたが、皆が一生懸命に考え、心を込めてつくってくれたのです。いたるところに愛が生きていました。家族と過ごすクリスマスに負けないほど、あたたかな雰囲気でした。私はそれを感じながら、この共同体に受け入れられていること、このきょうだいたちに愛をもって迎え入れてもらっていることを実感し、心から感謝しました。私にとっては感動的なサプライズパーティーでした。

このパーティーを企画してくれたのは修練長でした。指導者としては厳しい一面がありましたが、だれに対しても尊敬の念をもって接し、あたたかみがあり、愛があり、ユーモアにあふれていました。そんな彼の人柄がクリスマスパーティーに反映されていたと思います。

あなたもだれかを導いています

私はその後、日本に来て、教師になり、学校で生徒を教え、司祭になって信徒を導くようになったわけですが、新しい世界に飛び出していくときには、よく修練長に励まされたことを思い出します。

皆さんもこれまでの人生のなかで影響を受けた人がいると思いますが、その人から具体的に何を教わったかということよりも、その人の生き方やものの考え方、心のもちように影響を受けたのではないでしょうか。それはまた、皆さん自身の生き方、考え方や心が、だれかに影響を与え、だれかの人生を導いているということでもあります。あなたの周りにはきっと、あなたの生き方に憧れ、あなたをお手本にしている人がいるはずです。あなたの心がだれかの人生の指針になっているのです。その〝だれか〟のためにも、自分自身のなかの良い心を育んでいきたいものです。

自分に磨きをかける

母から教わった祈りの言葉

私が赤ん坊だったころ、母は私を膝に乗せて一緒に手を合わせ、毎日、朝晩の祈りを唱えたそうです。言葉を覚え始めてからは、母に教えてもらいながら一緒に祈りを唱えるようになり、幼稚園に入るころには一人で祈りを暗誦できるようになりました。

我が家では毎晩、家族揃って夕べの祈りを唱えるのが日課でした。翌日に遠足や運動会などがあって早く寝なければならないときは、子ども部屋で母と一緒にお祈りをしました。ベッドの前にひざまずき、手を合わせ、壁の十字架を仰ぎ見ながら、「子どものための寝る前のお祈り」を唱えるのです。

私にとって寝る前に祈りを唱えることは習慣になっていたので、どんなに眠くても必ず祈るようにしていました。そして祈り終わると、母が親指で私の額に十字架のしるしをつけながら、「今晩も神さまの祝福がありますように」と祝福してくれるのです。母の深い愛情が感じられる瞬間でした。今でも思い出すと心があたたかくなります。

「子どものための寝る前のお祈り」は、子どもが覚えやすいように平易な言葉でつづられていますが、詩のような美しい祈りです。日本語に翻訳してご紹介しましょう。

私は疲れています。今から休みます。目を閉じます。
父なる神さま、あなたの目を私のベッドに注いでください。
やさしい神さま、今日、私が悪いことをしていたら、どうか見逃してください。
あなたの恵みとイエスさまの救いによって、すべてをゆるしてください。
私の家族が、あなたの御手のなかにありますように。
大きな人、小さな人、すべての人をあなたにゆだねます。
傷ついた心に安らぎと慰めを与えてください。
涙でぬれた目を閉じてください。
お月さまが空からこの世を見て、皆に安心を与えてくださいますように。
神さま、私たちを安らかに眠らせてください。アーメン

「お月さまが空からこの世を見て」のあたりまで唱えると、「もう少しで眠れる!」と無邪気に思ったものでした。

ところで、たとえば新しい年や年度を始めるにあたって目標を立てる方も多いことでしょう。そんなとき、ぜひ寝る前の祈りを習慣づけてみてはいかがでしょうか。決まった祈りの言葉を唱えなくても、寝る前に少しの間椅子に座り、あるいはベッドの端に座り、目を軽く閉じて一日を振り返るだけでかまいません。そのひとときが大きな恵みになるはずです。

心を育てて生命を生かす

では、どのように振り返ればいいのでしょう。子どもの祈りのなかにも「今日、私が悪いことをしていたら、どうか見逃してください」という言葉があるように、まず「今日」という日を振り返ります。昨日や一昨日や先週ではなく、今日です。一日一日をていねいに大切に過ごすために、今日という日を振り返ることが大事なのです。

振り返ってみて、何かよいことがあったでしょうか。あったのなら感謝しましょう。感謝する理由があれば、それは喜ぶ理由になります。素直に喜びを味わいましょう。喜びは心を健やかにしてくれます。自信がつきます。しかし、感謝の気持ちがあるので傲慢にはなりません。喜びは希望を生み出します。希望は生きる力になるのです。

うまくいかなかったこと、足りなかったこと、できなかったことはあったでしょうか。私たち人間は不完全で弱い存在ですから、二つや三つあって当然です。しかしそこで、「ああすればよかった、こうすればよかった」とクヨクヨしないこと。自分自身に落胆しないことです。自分の弱さを正直に認めて、受け入れればいいのです。先ほどの祈りでいえば、「あなたの恵みとイエスさまの救いによって、すべてをゆるしてください」という部分にその姿勢が現れているといえるでしょう。

ただし、うまくいかなかったことや足りなかったことは、改める必要があります。そのときのコツはこうです。うまくいかなかったことのうちの一つに焦点を絞って、それを改めるための具体的な目標を立てます。「人にやさしくする」「親切にする」などというのは抽象的で漠然としすぎています。達成できたかどうかもわからないでしょう。ですから、「朝、家族におはようという」「夕食後にお母さんを手伝って食器を洗う」といった具合に、やるべきことがはっきりイメージできるところまで具体化します。

しかもできるだけ簡単な目標にするのがコツです。私たちの心は、体と同じで負担が重すぎると疲れてしまいます。一大決心をしないとできないような複雑な目標を立てると、すぐに息切れして、三日坊主に終わってしまいます。

そしてその目標を、まずは翌日だけがんばってやることです。翌日だけでかまいません。毎日やろう、一カ月続けようなどとがんばりすぎるのも心の負担になるからです。

さて、次の日の夜。寝る前にまた一日を振り返ってみましょう。目標は達成できたでしょうか。できたなら大成功です。感謝して、喜びましょう。成功体験は自信になります。もしも達成できなくても、落胆する必要はありません。できなかった自分の弱さを受け入れ、反省し、また翌日がんばればいいのです。

成功してもしなくても、しばらくは同じ目標を毎日、実行するようにします。続けているうちに、たいして努力しなくてもできるようになるでしょう。そうなったら身についてきたしるしです。人として少し成長し、心が少し豊かになったのです。

私たちはだれしも弱くて小さな存在ですが、いくつになっても、どこまでも成長していくことができます。自分自身を磨いて愛のある心を育てること、それは神からいただいた生命を生かすことでもあるのです。

従順という生き方

修道院という家庭のお母さん役？

私は今、住まいである修道院のミニスターという役割を拝命しています。英語でミニスターといえば大臣のことですが、もとはラテン語で、「地位の低いもの、召し使い、僕《しもべ》」を表します。雨漏りを見つけたら、業者さんに連絡して修繕に来てもらい、エアコンや冷蔵庫などの備品が壊れたら修理や買い替えの手配をし、トイレットペーパーや石鹸などの日用品を買い揃えておく。そういったことはすべてミニスターである私の役目です。

食事はふだん調理師さんが作ってくれますが、調理師さんが公休の日には、私が皆のために弁当の買い出しに行きます。デザートはりんごにしようか、ミカンにしようか。そんなことも考えます。家庭を預かるお母さんと似ているかもしれませんね。私がその手の家事を得意としているかといえば、そういうわけではありません。長上から「ミニスターになってください」と言われたので、従ったのです。

修道会に入ってからの人生を振り返ると、どちらかといえば、得意でない仕事を仰せつかることのほうが多かったように思います。私は宣教師を志して日本に来ました。教会で人々に直接イエスの教えを宣べ伝えたいというのが、子どものころからの夢だったのです。しかし長上から言われたのは、言語学を修めて教師になり、中高生に語学を教えることでした。

十一年後、今度は、教師をしながら学校法人の管理職も兼務するようにと命じられました。管理職は、会計や法律の専門的な知識が必要です。外国人である私が、簿記や民法や労働法といった専門分野を日本語で学ぶのは大変なことでした。

その後、日本管区の財務担当を言い渡されました。管区全体の財産を管理するのがおもな仕事ですから、不動産の売買、所有物件の保守管理など複雑な仕事に携わらなければなりません。経理や法律の知識は管理職時代にある程度身についていましたが、毎日山のような書類に目をとおし、取引先の企業と打ち合わせや会議に追われるので、司祭としてミサをあげたり、告解を聞いたり、信徒の皆さんとじかに接する機会がなかなかつくれなくなったことは、正直いって寂しい気がしました。

修道者である私たちは、「従順」と呼ばれる誓願を立てています。この場合の従順とは、神の意志に従うことです。神の意志は修道会など特定の使命をもった会をとおして示されるとされているので、私たちイエズス会士であれば会の長上の意志に従います。自分の望みと異なっても、長上に言われたらそれに従うのです。

しかし誤解しないでください。従順は、上からの命令に強制的に従わされるものではありません。イエスマンになって盲従するのとも違います。まして軍隊的な絶対服従ではありません。渋々受け入れて仕方なくやるのとも違います。皆さんも望まない仕事をしなければならないことがあるでしょう。希望した職に就いても、意に染まない仕事をしなければいけないときはいくらでもあります。そういう場合にどのような気持ちで取り組めばいいか。私が考える「従順」の意味をとおして、お話ししてみようと思います。

思わぬ喜びと成長、そして気づきがある

私たち人間は完璧な存在ではないので、自分のわがままを捨てきることはできません。好き嫌いがあります。慣れ親しんだ習慣もあります。欲望も捨てきれません。楽をしたくなったり、注目してもらいたくなるときがあります。そういう要素が入り込むと、選択や決断は

利己的に傾きがちです。経験や分別もじゅうぶんではありません。それが影響すると、正しい選択や決断ができません。

私は宣教師になりたいと思って日本に来ましたが、それ以上に、自分という人間が真に生かされる場で働きたいと願っていました。長上は私より経験も見識も豊かです。広い視野、すばらしい霊性があります。そういう長上が客観的に私を見て、教師になることが良いと判断したのであれば、それが私にとって最良の道です。だから私は従ったのです。

結果はどうだったかといえば、望んでいた教会という場所とは違いましたが、学校で、希望にあふれた十代の生徒たちにイエスの教えを伝えることができたのです。管理職を命じられたときも、今の自分が生かされるのはそこなのだと思って受け入れました。必要とされる場で働いたほうが、皆の役に立つことができます。それで皆が喜んでくれるのなら、私にとっても喜びなのです。

従順ということを、私は次のような意味に理解しています。

「客観的な必要性に、前向きな気持ちで応えること」

自己主張や自己顕示を個性の表現ともてはやす時代にあって、従順など古臭いと思うかもしれません。しかし、自己中心的な選択や願望はとかく人の視野を狭くし、可能性を限定しがちです。いっぽう、他者の意見や進言を「客観的な必要性」ととらえて身をゆだねると、思ってもいなかった世界が開け、限界を超えて新たな可能性を見いだすことができます。それが自分自身を大きく成長させてくれるのです。今まで体験し得なかった生きがいの発見にもつながるでしょう。

差し出された仕事に、前向きな気持ちで臨むのも大事なことです。がまんしながら嫌々やるとつらくなるばかりです。それはエネルギーの無駄遣いというものでしょう。ですから、自分なりに喜びを見つけて、それを励みに取り組むのです。どんなにささやかでも、喜びは人間にとって行動の原動力になります。

イエスは、十字架に架かりたくて架かったのではありません。それが神の意思であり、自分の使命であり、また人間のために必要だと思われたから、進んで十字架に架かられたのです。それによって私たちが救われていることを心にとめましょう。

私たちにとって、意に染まない仕事は小さな十字架といっていいかもしれません。その十字架を投げ出さず、イエスと同じようにしっかり背負って歩んでいく。それはとても美しくて貴い生き方だと思うのです。

第五章　祈りのなかで

愛の贈りもの

聖イグナチオの祈り

主よ、わたしの自由をあなたにささげます。
わたしの記憶、知恵、意志をみな受け入れてください。
わたしのものはすべて、あなたからのものです。
今、すべてをあなたにささげ、み旨に委ねます。
わたしに、あなたの愛と恵みを与えてください。
わたしはそれだけで満たされます。
それ以上何も望みません。

聖イグナチオ・デ・ロヨラ

子どものころから唱え続けてきた祈り

私が小学生のころから唱えている、聖イグナチオの祈りをご紹介したいと思います。この祈りは、ある祈りの本に書いてあったもので、初めて読んだときから心がとても引きつけられました。それ以来、ミサでご聖体をいただいた後に、一人で静かに唱えるのが習慣になりました。みんなが聖歌を歌っていても、私はこの祈りを唱えていました。それだけ私にとっては大切な祈りになったのです。

でも実は、同時に、恐怖も感じていました。「神にすべてを返す」ということの意味がわからず、体や頭を返したらいったいどうなるのだろう、と不安になったのです。とくに記憶や理性を返したらどうなるかを想像すると、怖くて仕方がありませんでした。私は語学が好きで、当時、四カ国語の勉強をしていたのですが、記憶を全部神に返したら、せっかく覚えた単語もすべて忘れてしまうかもしれない。理性をすべて返したら、勉強ができなくなってしまうかもしれないと思ったのです。それでも不思議に心は引きつけられて、ミサのたびに唱えずにはいられませんでした。

この祈りに出会って何年くらいたったときだったでしょうか。ある日突然、祈りの意味がわかったのです。すべてを神に返すというのは、私という人間を社会や人々のために使っていただくということだ。私のすべてを生かすことだ。体や能力が消えてなくなるということではない——と。子どもだった私が、どうやってそのような悟りの境地にたどりついたのかわかりません。しかし、そう気づいた途端、うれしさがこみあげてきました。喜びでいっぱいになりました。

私たちの周りには神の愛が満ちている

聖イグナチオの祈りの意味をもう少し詳しく考えてみましょう。

私たちの体は自分で造ったものでしょうか。そうではありませんね。両親や祖父母、先祖から、何千年にもわたって受け継がれた遺伝子が組み合わされてできたものです。言い換えれば、神が先祖をとおして授けてくださったものです。また、私たちはいろいろな能力をもっていますが、その能力も神から授かったものです。自分なりに能力を高める努力をしたかもしれませんが、努力するという粘り強さも神がくださった力の一つです。

そして、両親、きょうだい、祖父母、友達、仲間、先生たち。みんな、神が私たちの人生のために遣わしてくださった人たちです。彼らの支えや助けがあるおかげで、私たちは日々、生きていくことができます。太陽や月、星、風、草や木、花。自然界のすべてのものは、神の創造物です。その自然から、私たちは数えきれないほどの恵みや癒しをいただいています。

音楽や絵画や彫刻など、人間が造りだしたものも多々ありますが、それらは芸術家の手をとおして神が与えてくださったものです。

このように考えてみると、私たちはいかに多くのものを神からいただいているかということに、気づかされます。すべては神からのプレゼント、愛のしるしです。私たちはそれほどまでに愛されているのです。なんとありがたいことでしょう。

その大きな愛への恩返しとして私たちにできることは、自分のすべてを神が望んでおられるように使うことです。それは、人々の幸福のために自分を生かし、社会に役立つ人間になるということです。神の望みは、この世の人々が幸せになることだからです。

聖イグナチオの祈りは、このような神への感謝と賛美から生まれた祈りなのです。

みんなで分かち合うと喜びや幸せは大きくなる

皆さんは何のために働いていますか。何のために勉強をしていますか。

たとえばお金持ちになりたい、有名になりたいといったことが目的であれば、神にいただいた能力を自分自身の利益や楽しみのために使うということです。

ある程度のお金や名声が手に入ったら、しばらくは満足するでしょう。でもすぐに物足りなくなって、もっとお金がほしい、地位も名誉もほしい、などと思うようになるものです。神からの贈りものを独り占めにすると、欲望が増すばかりで、どこまでいっても心から満足するということがありません。

いっぽう、貧しい国の人を助けたい、難病の治療法を研究したいといった目的であれば、神からいただいた能力を社会や人々のために生かすことになります。そういう生き方をしているときに感じる満足感は、すぐに消えたりはしません。他者と分かち合うことで喜びは大きくなり、お互いの笑顔を見て幸せがますますふくらみます。一人よりもだれかと共に喜び合える生き方のほうが、有意義だし、すばらしいと思いませんか。

あなたの個性も、能力も才能も、神があなただけに特別にくださったプレゼントです。他のだれももっていないものです。ぜひ、自分自身を社会や人々のために生かす生き方を探してみてください。それは、あなたから皆へのすばらしい愛の贈りものになるはずです。

心と体の響き合い

ミサの喜びや感動を心から感じていますか？

立ち上がったり、座ったり、ひざまずいたり、おじぎをしたり。カトリックのミサは、体を使った動作が多いのが特徴の一つといえるでしょう。その多さは、プロテスタントの礼拝や仏教の法要などと比べると歴然としています。初めてミサにあずかる方やミサに慣れていない方が、「どこで立って、どこで座るのか、さっぱりわからない」と戸惑ったり、とっつきにくい印象をもたれるのもわかる気がします。

しかし、ミサでの動作は無意味に行われているわけではありません。立つべきときに立ち、座るべきときに座り、ひざまずくべきところでひざまずいています。それぞれの動作が大切な意味をもっているのです。

私は小学生のとき、侍者になるための勉強会でそれを教会の司祭から教わりました。そのおかげでミサへの理解が深まり、ミサにあずかったときの喜びや感動が大きくなりました。ミサの荘厳さや美しさを心から味わうことができるようになり、神へ向かう気持ちも強くなりました。それはすばらしい気づきでした。ミサでの動作に戸惑ったり、ミサに慣れすぎて無意識に動作をこなしているだけだとしたら、とてももったいないことです。そこでミサ中の動作についてご紹介しようと思います。

ミサの動作は神への心そのもの

信仰においては、体より心のあり方が重視されると思われがちですが、実際には体の動きも非常に大切にされているのです。聖書には次のような一文があります。

「主は、霊と肉を持つひとつのものを造られた」（マラキ2・15）

私たち人間は霊（心）だけの存在ではなく、また、肉（体）だけの存在でもありません。心と体の両方をもつ存在として造られたのですから、どちらも大切なのです。カトリックのミサで体を使う動作が多いのは、その表れといっていいかもしれません。

では、ミサ中の動作について大まかに見てみましょう。

まず立ち上がるのは、神を迎える入祭と、神を見送る閉祭のとき、神に祈りをささげるとき、みことばを聞く福音朗読のときなどです。いずれも神への感謝や崇敬の念、信仰の喜びを表すときなどです。日常生活でも、立ち上がるときというのはお客さまを歓迎したり、だれかに感謝の気持ちを表したり、あるいは演奏や演劇に感動したときなどではないでしょうか。ミサでも日常生活でも、心のあり方や動きの具体的な表現が体の動作になるという点では同じなのだと思います。

ミサのなかで座るのは、第一朗読と第二朗読を聞くとき、司祭の説教を聞くときなどです。日本語には、「腰をすえて〜する」という言い回しがありますね。ミサでも、耳を傾けて話をじっくりと聞きたいときや、儀式の内容や美しさなどをゆっくりと味わいたいときには、座るようになっています。

ひざまずくという所作は、高位の人を前にして深い尊敬の念を表すときや、自身を小さくしてへりくだる気持ちが強いときにとるものです。西洋独特の所作で、それがカトリックのミサに取り入れられました。ミサのなかでひざまずくのは「聖変化」のときです。聖変化は、パンとぶどう酒をイエスの御体と御血であるご聖体に変えるミサの中心となる部分です。

ご聖体に変えるといっても、もちろん物理的、科学的に何か変化が起きるわけではありません。しかし、聖変化のたびに復活されたイエスが祭壇に来られ、ご聖体に現存してくださいます。そう信じるのが私たちの信仰です。そして私たちはそこに、イエスが担われた貴い犠牲と私たちへの愛と慈しみを感じ、このうえない感謝と喜び、へりくだりの気持ちを感じるのです。その正直な気持ちを具体的に表すのが、ひざまずくという姿勢です。

ミサで味わう心と体の響き合い

ミサは五感、つまり体の感覚まで使います。聖歌を耳で聞き、福音の喜びを味わったり感謝の祈りをささげたりします。献香の際には、お香の香りが立ちのぼるのを感じながら、私たちの祈りが神に届くことを願います。司祭が身に着ける祭服にはおもに白、赤、紫、緑の四種類の色があるのですが、それぞれの色には意味があります。ミサにあずかる方々は視覚をとおしてその意味を受け取り、ともに心を合わせて感謝や賛美をささげます。

白は「喜び、栄光、純潔」の色。ですから白の祭服は皆でともに喜びを祝いたいとき、つまり降誕節や復活節におもに用いられます。赤は「聖霊の炎、殉教者の血」を表し、聖霊降臨の主日、受難の主日や聖金曜日、殉教者の記念日などに。紫は「悔い改める心、節制」を表し、おもに四旬節と待降節に。そして緑は「成長、生命、希望」の色。緑の祭服は年間を通じて用いられます。私たちにとって神は生命であり希望であり、私たちは神に向かって常に成長を続けていくことが必要だからです。

さて、初めてミサにあずかる方も、また長年ミサにあずかっている方も、次回ミサにあずかるときにはぜひ、心で感じるものと体の動きの両方を意識してみませんか。みことばや祈りを心で深く受け止めると、喜びや感謝が湧いてきて、それが自然に体に伝わって美しい所作となって表れるでしょう。また、ていねいな所作を心がければそれが心に伝わり、自然と祈りが深くなり、神とのつながりも深まるはずです。心と体の響き合いを大切にすると、今まで以上にミサが味わい深いものになっていくと思います。

沈黙の時間

修練院に入って最初に習うこと

私は毎年、クリスマスが終わると一週間ほど、修道院や黙想の家などで過ごすことにしています。昨年の末から今年の正月も、ある黙想の家に行き、仕事や日常の雑事から一切離れて、黙想をし、聖書や神学の本などを読んだりしながら静かに過ごしました。

黙想の家では沈黙が原則です。私以外に十五人ほどの人が黙想するために泊まっていましたが、皆、一言も話しません。互いに自己紹介をすることもないし、廊下で会っても挨拶さえしません。食事中に世間話をすることもありません。黙想の家には穏やかで落ち着きのある、ゆったりした時間が流れていました。

私たち修道者は沈黙に慣れているのですが、皆さんのなかには沈黙がしばらく続くといたたまれず、話さずにいられなくなるという方もいるのではないでしょうか。電車の中などでヘッドフォンをして音楽を聴いたり、スマホや携帯電話でメールをしたりゲームをしたりしている人が多いのも、沈黙が苦手だからでしょう。

じつのところ、沈黙を長く続けるのは容易なことではありません。それなりの訓練が必要になります。修道者になるために修練院に入ると、最初に習うことの一つが沈黙なのです。言葉などの音声を発しないだけでなく、目礼や会釈といったボディコミュニケーションもしないようにと教わります。歩くときも足音を立てず、静かに歩くように注意するのです。修道者が沈黙と静寂を大切にするのは、それが心を静め、祈りに集中するために欠かせないものだからです。神と向き合い、神の声を聞き、神からいただいている恵みを味わうこと。自分自身を振り返り、自分の心の深い部分を見つめること。それらは、沈黙と静寂の中でしか行うことができません。

静寂の中にこそ感動と喜びがある

私が教師時代に教えていた中高一貫の男子校では、授業が始まる前や終わった後など学校生活の節目節目に、「瞑黙」という沈黙の時間を設けていました。姿勢を正し、目を閉じて、心を整える時間です。わずか一分ほどですが、気持ちを切り替え、次に行うことに集中したり、その日の授業で学んだことを振り返ったりする、意義深い時間です。

沈黙には、また別のすばらしさもあります。沈黙は、心を豊かにし、喜びを与えてくれるものでもあるのです。それを体感してもらうために、私は夏の校内合宿のとき、夜に、生徒たちを連れて近くの山に登ることにしていました。山頂まで行くと、頭上には手が届きそうなほどの星々、眼下には「百万ドル」とも賞される神戸の夜景が広がるのです。しばらくの間その景色を静かに眺めてから、私はゆっくりと生徒たちに語りかけました。

「家の窓の明かりがたくさん見えますね。窓の向こうにはそれぞれの家族の暮らしがあり、人生があるのです。ビルの窓の明かりがついたところでは、まだ働いている人がいます。社会のため、私たちのために、働いてくれているのです。電車も走っていますね。運転士さんが運転してくれているからです。その電車の中には、仕事で疲れ切っている人、家族の待つ家に早く帰りたいと思っている人、いろんな人がいるでしょう。

一つの窓、一つの明かりには、それぞれ違った意味があります。その意味に思いを巡らしてみてください。自分の家族のことも考えてみましょう。今、お父さんお母さんは何をしているでしょうか。どんなことを思っているでしょうか」

そうして三十分ほど山頂で過ごしてから、学校に戻って分かち合いの会をすると、次々とすばらしい感想が出てきます。

「今まで電車の運転士さんのことなど考えたことがなかった。ぼくたちが行きたいところに行けるのは、運転士さんのおかげだとわかった」「救急車が見えたときに、病気で苦しんでいる人や、その病人を心配している家族の気持ちを思った」「病院の窓の向こうに看護師さんたちが見えた。こんなに夜遅くまで働いてくれている」「両親が育ててくれたから、今ぼくはここにいる。ありがたい」

生徒たちの口から出てくるのは、感謝、感動、感激、賞賛、慈しみにあふれる言葉ばかりでした。沈黙の中で心がやわらかくなり、自然の美しさ、人間のすばらしさを感じ取ったのです。それは沈黙しないと感じ取ることができません。沈黙や静寂というのは、真の美しさや貴さ、すばらしさ、ありがたさなど、大事なものに気づかせてくれる貴い時間なのです。

夜寝る前の十五分を何もしない時間に

現代人の生活は忙しすぎるようです。休日はあっても、買い物に行ったりスポーツをしたり、旅行に行ったり、家事をしたり。少しの時間も無駄にしてはいけないと思っているのか、何もしないでいると退屈に感じるのか、ともかく一日中忙しく動き回っています。

しかし、静かに過ごす時間は決して無駄ではありませんし、退屈なものでもありません。それどころか恵みに満ちあふれた時間です。

旧約聖書の冒頭は、皆さんもご存じのとおり、天地創造の物語です。そこには、「神は天と地、生きものと人間を造られ、七日目に仕事から離れて安息された」と書かれています。私たちも神に倣い、本当の意味での休息の時間をもつようにしたいものです。たとえば夜寝る前、十五分間はだれとも話さない、何もしない、沈黙と静寂の時にしてみましょう。背筋を伸ばして姿勢を正し、目を閉じます。呼吸は深くゆっくりと。そしてその日にあったことを振り返りながら、感謝したいこと、学んだこと、気づいたこと、反省すること、改めたいことなどを考えてみてください。

通勤通学の電車やバスの中で行うのもいいものです。そのときは周りにいる人のために祈ったり、車窓から町の風景を眺めながら、そこに暮らす人々のことを思ったり、空や木々を見ながら自然のありがたさに思いを馳せることもできるでしょう。沈黙と静寂の時間は、皆さんの心をふっくらと豊かにし、喜びで満たしてくれるはずです。

試練のときに

祈ることもできなくなった

私が日本にやってきて半世紀が過ぎました。当時、二十代の若き神学生だった私は、キリスト教の豊かさ、イエスの愛のすばらしさを伝えようと、宣教の熱意に燃えて来日しました。ところが大きな試練が待ち受けていました。「日本語」という試練です。

語学は子どものころから得意で、日本に来るまでに六カ国語をマスターしていたので、日本語も大丈夫！ と自信があったのに、とんだ見当違いでした。私に言わせれば、日本語は世界一、複雑な言葉です。

まず、平仮名に片仮名に漢字。文字が三種類もあり、漢字には音読みと訓読みがあります。それから、発音が同じでも意味の違う言葉、たとえば「はし」なら「橋」「端」「箸」、「あめ」なら「雨」「飴」、いわゆる同音異義語が多いのも日本語の特徴の一つです。

勉強を始めたばかりのころ、漢字を毎日十五個ずつ覚えようとしたのですが、一日五～六回復習してやっと暗記できたと思っても、翌朝、確かめると三つくらいしか覚えていないのです。当用漢字と宗教や哲学などに関する漢字を合わせて約二千個、覚えなければいけなかったのに、「このペースでは何年たっても全部覚えられない」と目の前が真っ暗になりました。語学は得意だと思っていた自信は完全に打ち砕かれ、挫折感でいっぱいになりました。

修道院での共同生活も試練の一つでした。当時、修道院には十五～二十人の神学生がいて、出身地はアメリカ、スペイン、ドイツ、イタリア、オランダ、南米、ポーランド、フランス、ベルギーとバラバラ。共通語は英語でしたが、アメリカ人以外は英語が母国語ではないので、気軽に話すことも、冗談を言い合うこともできません。国によって習慣も違い、クリスマスのお祝い一つとってもやり方が違います。話し合おうにも言葉が自由にならず、話がちっとも進みませんでした。

勉強も生活も何もかもが思いどおりにいかず、フラストレーションがたまる一方でした。ミサにあずかっても、朗読、説教、祈りの言葉、すべてが日本語なので理解できず、心が慰められません。いらいらが募って、次第に祈ることさえできなくなりました。来日してからの数カ月は、私にとって人生最大の危機でした

喜ぶ理由を探してみる

しかし、簡単にあきらめるわけにはいきません。心の平安を取り戻すために、自分なりに工夫してみよう。そう決めた私は、昔、教会の老神父に教わった「喜ぶ練習」をすることにしました。まず、ルカ福音書を読み、「喜び」が表現されている部分にしるしをつけていきました。イエスの誕生を天使から告げられたときのマリアの喜び（1・26〜）。放蕩の末にやっと帰ってきた息子を、出迎える父の喜び（15・11〜）。「あわれみの福音書」とも呼ばれるルカ福音書には、弱くて小さな人に向けられる神のあわれみと、それによって救われ、喜びに満たされる人々の様子が随所に描かれています。そしてそれらの場面を映画や演劇を見ているかのように思い浮かべ、ゆっくりと味わっていきました。

それから、詩編を自分なりにテーマごとに分け、並べ替えることもしてみました。テーマは、「喜び」「神への信頼」「感謝」「賛美」などです。たとえば詩編には、「いかに幸いなことでしょう。あなたによって勇気を出し、心に広い道を見ている人は。嘆きの谷を通るときも、そこを泉とするでしょう」（84・6〜7）とあります。この詩編は「喜び」のテーマに入れました。「死の陰の谷を行くときも、わたしは災いを恐れない。あなたがわたしと共にいてくださる」（23・4）という詩編は「神への信頼」のテーマに入れました。そして、気分が落ち込んで元気が出ないときは「喜び」の詩編。勇気がほしいときは「神への信頼」。神の慈しみを感じたいときは「賛美」の詩編といった具合に、そのときの気分に合う詩編を集中的に読むようにしました。

体を使った「喜ぶ練習」もしてみました。修道院は鎌倉にあって海にも山にも近かったので、海を眺めに行ったり、山歩きをしたりしました。そんなときに見た水平線に沈んでいく夕日の美しさや、道端に咲いている花のかわいらしさに、どれほど心が慰められたかしれません。

ところで、祈ることが難しくなるというのは、大きな問題を抱えているときにはだれにでも起こり得ることです。問題ばかりが頭に浮かんで、祈りの言葉よりも不平不満やいらだちの言葉などが口をついて出てしまうのです。そういう際の解決方法はいくつかあると思いますが、私は無理に祈ろうとするのをやめ、抱えている問題をイエスに正直に話すことにしました。うまくいかないこと、悩んでいること、苦しんでいること。格好をつけずにありのままに、親友に話すように打ち明けて、「どうか私を助けてください」とイエスに願いました。毎日それを繰り返していると少しずつ心が鎮まり、穏やかさを取り戻すことができたのです。

日本語の勉強のほうも、いろいろな工夫――カードの表に漢字、裏に読みを書き、音読みはアルファベットの大文字、訓読みは小文字で書き分けて覚えたり、偏と旁《つくり》をバラバラにして、たとえば「市場に行く女の子はお姉さん。市場にまだ行ってはいけない女の子は妹」などと、ストーリーをつくって暗記する方法がうまくいって、スムーズに進むようになりました。おかげさまで一年間のカリキュラムが終わるころには文語体の小説も読めるようになり、そして今もこうして日本で暮らし、宣教師として働いているというわけです。

もうあんな試練には遭いたくありませんが、一方では良い経験をしたとも思っています。壁にぶつかって苦しむ人に、共感できるようになったと思うからです。それと、試練を乗り越える方法がいくらかわかるようになりました。その方法とは、「喜ぶこと」です。喜びは心と体を癒し、そして「希望」を与えてくれます。希望こそ、生きる力です。

もしも今、何かの問題を抱えて苦しんでいる方がいたら、喜ぶ理由を探してみてください。聖書のなかに見つけるのもよいでしょうし、散歩に出て、木や花、空、風景に目を向けてみるのもいいでしょう。問題は簡単には消えてくれません。しかし、試練が永遠に続くことはありません。慌てずに、喜ぶ理由を探しながら、試練が過ぎ去るのを待ってみる。あとで振り返ると、そういう日々もきっと有意義なものになるはずです。

山上の光

メルシュさんの祈り――静かな愛の献げもの

〝彼〟は公の聖人伝には載っていません。でも私は、現代の日本に現れた聖人だと思っています。彼の名は、ハインリッヒ・メルシュ。一九三六年、二十六歳のときに、イエズス会の宣教師としてドイツから日本にやってきた修道士です。木工職人のマイスター（ドイツの免許）をもつ彼は、神戸の山の上に新しくできた学校に派遣されました。学校で使われるすべての机と椅子と家具、そして校内にある聖堂の祭壇、十字架、聖櫃、椅子などを作るのが仕事でした。

その学校の生徒数は中学と高校あわせて千人ほどでしたが、メルシュさんが彼らのための机と椅子を完成させるのにそれほど長い期間はかかりませんでした。というのも木工職人として優秀な腕をもっているうえにとても働き者で、毎朝七時半に校舎の裏の工房に来て、夕方五時に近くの修道院に帰るまで、昼食やわずかな休憩をとる以外は黙々と働いたからです。

いたずら盛りの生徒たちは、机に落書きをすることもありました。そういうとき、先生は生徒に落書きで汚れた机を持たせ、メルシュさんの工房に行くように命じました。しゅんとしながらやって来て、「すみませんでした」と謝る生徒を、メルシュさんはやさしいまなざしで見つめてから、黙って落書きの部分を鉋で削り、ニスを塗り直し、生徒に返してくれるのでした。生徒のお母さんたちにとっては、メルシュさんは頼もしい相談相手でした。お母さんたちは子どもたちのことで心配ごとがあると、工房を訪ねるのです。メルシュさんは仕事の手を休めてお母さんを迎え、一緒にコーヒーを飲みながら話を聞き、励ましたり慰めたりしてくれました。メルシュさんは生徒やお母さんたちの人気者でした。

メルシュさんが八十歳になったとき、私たち修道院の仲間は日頃の感謝の気持ちも込めてお祝いの会を開きました。夕食後、ケーキとワインを楽しみ、和やかに話していたとき、私は仲間を代表して尋ねました。

「メルシュさん、八十歳になってどんな気持ちですか」

メルシュさんは少し考えてから、「そうだねぇ、もうこんな歳になったから、もうすぐ死ぬかもしれない。私が死んだら、あなたたちはどうする?」と問い返しました。私たちはなんと答えていいかわからず、黙ってしまいました。メルシュさんは話し始めました。

「私が死んでもあなたたちは困らないだろう。家具屋さんに注文して、必要なものを持ってきてもらうだろうからね。私は五十年以上、学校や修道院のためにいろいろなものを作ってきたが、それは不必要なことだったのかもしれない。私は取るに足りないことのために働いているんだ。一日中黙って、ときには指にケガをしながら働いている。ただそれだけなんだ。細かい彫刻をした祭壇や十字架などを作ると、皆は『すばらしい』と褒めてくれる。でも私はだれかに褒められたくて働いているわけじゃない。すばらしい祭壇を作るのも、毎日廊下をモップで磨くのも、神の目から見れば同じ。愛を込めてやれば、どんな仕事も同じ価値があるんだよ。

夕方、疲れて修道院に帰ってくる。夕食には皆が集まるが、学校で先生をしているあなた方は学校や生徒の話ばかりをする。でも私はその会話に入ることができない。そして夕食が終われば、あなたたちはすぐに部屋に戻ってしまう。だから私は聖堂に行って、一人で祈るんだ。『神さま、今日一日の私の疲れ、寂しさ、フラストレーション、指のケガ、すべてをあなたへの愛のしるしとしてささげます。どうぞ受け取ってください。もしも私への祝福をいただけるのなら、どうかそれを学校の生徒や父母たちに分け与えてください』と。そうやって一日ずつ、一生涯を神さまにささげるのが、私の人生の意味だと思ってるんだよ」

そのとき、私は気づいたのです。学校が発展しているのも、生徒と家族が無事に過ごしているのも、メルシュさんが静かに祈っているおかげだと。そして生徒や父母の多くが洗礼を受け、生徒の中から司祭になる者が多かったのも、すべて、メルシュさんが神へ愛の献げものをしているからだと。

メルシュさんはそれからも毎日工房で仕事をし、九十四歳で天に召されるまで、神戸の山の上から愛の光で私たちを照らしてくれました。

だれかのために生きてこそ本当の喜びと幸せがある

メルシュさんの祈りは、私たちの手本となるすばらしい祈りです。皆さんも今日のすべてを、愛のしるしとしてささげてみてください。一生懸命にやった仕事。神はそれを喜んで受け取ってくれます。でもなかには、退屈で嫌々やった仕事もあったかもしれません。それも神にささげましょう。神の目には、どんな仕事も貴いものと映っているからです。そしてできたら明日からは、嫌な仕事も「神のために」と思いながらやってみてください。

うれしかったことはもちろん、苦しかったことや悲しかったことも神にささげましょう。苦しみや悲しみ自体は意味をもちません。しかし神への愛に変えてささげたとき、それは宝に変わるのです。一日の間には、悪いことをしたり、わがままな態度をとったことがあったかもしれませんね。それは人間の弱さのせいです。神はそういう弱さも受け止めています。素直に自分の弱さを認め、謝り、ゆるしを願いましょう。それも神との豊かなかかわり。愛のしるしです。最後に、神があなたにくださる恵みと祝福を、愛を必要としている人々に贈りましょう。そうしてあなたのすべてを、神に、周りの人々にささげるのです。

だれでも、自分がやっていることの意味や自分の存在価値について悩むときがあるものです。それは往々にして「もっと大きな会社に行かなければ成功できない」「こんなちっぽけな仕事をしていては有名になれない」などと、自分の欲にばかり心が向いているときです。

メルシュさんの祈りは、どのような日々も神と人のために役立てることができる、どのような人生も神と他者にささげることでより大きな意義と価値をもってくる、ということを教えてくれています。自分自身のためではなく、人のために、神のために生きるという愛のある生き方ができたら、恵み豊かで喜びがあふれてきます。そういう人生こそが真の幸福です。

第六章　希望の光

笑顔と喜びがいっぱい！　ドイツのイースターファイヤー

火を囲んで祈り、神に賛美と感謝をささげる

復活祭は、イエスが十字架での死に打ち克って復活されたことをお祝いする、キリスト教でもっとも大きなお祭りです。私の母国ドイツでは、復活祭の日に「イースターファイヤー」という伝統的な儀式を行います。イースターファイヤーは広場や野原などに薪を積み上げて火を燃やし、イエスの復活を盛大にお祝いする儀式で、多くの場合、町ごと、村ごとに行われます。私の育った町のイースターファイヤーの様子を紹介しましょう。

準備は復活祭の一週間近く前から始まります。まず教会の青年会のメンバーが森に行き、トラックの荷台にいっぱいの薪を集めます。そしてそれをイースターファイヤーの会場となる広い牧草地に運んで、数日かけて積み上げていきます。どれくらいの高さに積み上げるかは儀式の規模によって違いますが、私の育った町では直径約十メートル、高さ約三メートル

もの大きなピラミッド状に積み上げます。町の人口が約一万四千人で、イースターファイヤーに参加する信者は二千〜三千人に達するので、儀式もそれだけ盛大になるのです。

さて復活祭当日、日が暮れると、信者たちは教会の前に集まります。そして、火のついた松明《たいまつ》を掲げた青年会の若者数人を先頭に、祭服を身につけた司祭が続き、その後ろに信者たちが行列をつくって、会場を目指して行進を始めます。教会から会場までは十分ほどの距離ですが、道を進んでいくうちに行列に参加する人々がどんどん増えて、最後には二千人近い大行列になります。

行列が会場に着くと、青年会の若者たちが火のついた松明を薪の山に差し入れます。あらかじめ灯油をまいてあった薪の山は、あっという間に火に包まれ、炎の柱が煌々《こうこう》と、勢いよく、天まで届くかというくらいに高く立ちのぼります。「ワァ〜〜〜」。人々の大歓声で会場が埋め尽くされます。しばらくすると、司祭が火の近くに進み出ます。そうすると一転、沈黙と静寂が広がります。そのなかで、司祭は赤々と燃える火を祝福します。

この火こそ、復活されたイエスと、イエスの復活によって示された「永遠のいのち」の象徴です。会場に火を祝福する司祭の厳粛な祈りが響き、そこに集まった全員がともにしばらくの間、静かに祈り、神に賛美と感謝をささげます。祈りが終わると、あとはイエスの復活を祝うお祭りの始まりです。教会の楽団がご復活の聖歌を演奏します。聖歌隊がそれに合わせて歌います。赤々と燃える火を囲んで、大人も若者も小さな子どもも一緒になって歌うので、大合唱です。楽器の得意な人たちが何人か集まって、会場のあちこちで演奏を始めたりもします。そうするとそこにまた人の輪ができ、聖歌の合唱が始まるのです。

実はこのイースターファイヤーは、お祭りといっても日本の盆踊りのように皆で踊ったり、食べものやおもちゃを売る屋台が出たり、にぎやかなアトラクションが行われるというわけではありません。火を囲んで皆で祈り、神に賛美と感謝をささげ、聖歌を奏でてともに歌う。それだけのひとときです。しかしそのすべてが、イエスの復活を喜び祝う献げものです。

私たち一人ひとり生きる希望と喜びを味わう日

イエスの復活の意味について、もう少し深く考えてみたいと思います。若い皆さんは、将来愛する人と結婚して家庭をつくり、子どもをもちたいと思っているでしょう。もう少し年配の方たちになると、小さなかわいい孫を抱っこしたいと思っているのではないでしょうか。そのような気持ちは、「永遠」に対する強い憧れからきています。

私たちの心のなかには、生まれながらにして「永遠」を求める根源的な欲求があるのです。子どもがほしい、孫が抱きたいという思いの中には、わが子や孫が自分の死の後も生き続けて未来へといのちをつないでくれる、という期待と願望が込められています。「本を書きたい」「絵を描きたい」「木を植えたい」といった夢をおもちの方もいるでしょう。本や絵をかくのは自己表現の一つの方法ですし、木を植えるのは植物が好きだから、といった理由が主なのかもしれません。でも心のどこかに「自分がいなくなった後にも、だれかがこの本を読んでくれたらうれしいな」とか「大きく育った木の下で、孫たちが遊んでくれたらいいな」と、遠い未来に思いを馳せる気持ちがあるのだと思います。

ではそのような自身の死を超えた先の未来、「永遠」への思いというのは、単なる憧れや期待、夢物語、かなわぬ願望にすぎないのでしょうか。いいえ、そうではありません。永遠なるもの、永遠に続くいのちがあるのです。それを私たちに確信させてくれるのが、イエスの復活です。イエスの復活は、死んでいた人が単に生き返ったということではなく、神の大きな愛によってまったく新しい生を得て、永遠のいのちに入ったということです。神の愛は死よりも強いということです。ここに私たちの希望があります。

イエスが死を乗り超えられたように、私たちも死を乗り超えていくことができます。私たちの存在は死によって無になってしまうのではありません。私たちの人生は死に向かって進んでいるのではなく、イエスと同じように、その先の「永遠のいのち」に向かって進んでいるのです。

これは大きな希望です。希望は喜びです。生きる力です。希望があるから、私たちは喜びのうちに今を生きることができ、未来へ向かって勇気をもって力強く歩んでいくことができます。復活祭はイエスが復活されたことをお祝いしながら、私たち一人ひとりが生きる喜びを実感し、いのちのすばらしさをかみしめ、永遠の生命へと向かって力強い一歩を踏み出す日でもあるのです。

人生というソナタ

逸話も印象的な「月光」

ソナタというと、皆さんはどのような曲を思い浮かべますか。モーツァルトのピアノソナタ十一番三楽章「トルコ行進曲」やショパンのピアノソナタ二番三楽章「葬送行進曲」など、すばらしい曲がいろいろありますね。ベートーベンはピアノソナタの「悲愴」や「熱情」、ヴァイオリンソナタの「春」や「クロイツェル」など、多くのソナタを作っています。

ソナタといって私がまず思い浮かべるのは、やはりベートーベンの「月光」でしょうか。繊細で悲しげに響くピアノの旋律が美しく印象的で、好きなクラシック曲の一つです。ご存じの方もそうでない方も、この機会にあらためて聞いてみてはいかがでしょうか。この曲の本来のタイトルは「幻想曲風ソナタ」といいます。「月光」は通称で、ドイツ人の詩人が第一楽章からイメージされる情景を「湖に映る月光の波に揺れる小舟のようだ」と評して以来、

「月光」という名で親しまれるようになりました。

「月光」は、ベートーベンが三十歳のときに、ある伯爵家の令嬢にささげるために作った曲だといわれています。その女性はベートーベンのピアノの弟子で、二人は師弟の関係を超えて互いに愛し合っていたようです。しかし、当時、彼女はまだ十六歳。年齢が離れていたことや身分の違いなどの理由から結ばれず、その後、彼女は別な男性に嫁いだのです。そうしたロマンチックな背景があったことも、「月光」をより一層印象深いものにしているのかもしれません。

ところで、ソナタを聞いていると、私はふと思うことがあります。それは、「私たちの人生も一曲のソナタのようである」ということです。

「幸せ」という主題は繰り返しやって来る

ソナタという楽曲形式には、必ず主題となるメロディーがあります。楽章の冒頭で主題のメロディーが提示され、その後、主題が調を変えたり、形の一部を変えたり重なったりしながら、曲全体をとおして奏でられるのがソナタです。

人生というソナタにも、主題があります。「幸せ」というメロディーです。人生の始まりのとき、すなわち子ども時代はまさしく幸せのときです。家族や周りの人々に歓迎されて誕生し、受け入れられ、無条件に愛されて育ちます。家庭という安全な場所で守られ、何の心配も悩みもなく生きることができます。これこそが幸せの本来のあり方だといえます。

余談になりますが、昨今、幼児虐待や育児放棄、児童の貧困など、子どもに関する人権問題が深刻化し、うつ病や登校拒否など心身のトラブルも増えています。子どもが愛情に恵まれない、安心して暮らすことができないとしたら、それは社会や家庭に大きなゆがみがあるのです。大人本位に物事が進められ、子どもがないがしろにされていることの現れです。社会のなかでもっとも小さくて弱い子どもが幸せであること、それが「普通の状態」なのです。

さて、話を元に戻しましょう。適齢期になれば、多くの人が恋愛を経験するでしょう。恋愛期間もまた、愛に満ちあふれた幸せな時期です。それに続いて結婚、新婚時代、わが子の誕生と、大きな喜びも訪れることでしょう。そうした幸福な時間は、ソナタでいえば主題にあたります。とりわけ美しく印象的に、華やかに奏でられるクライマックスといってもいいでしょう。

しかし、人生は良いことばかりではありません。岐路に立たされて、決断に悩んだり迷ったりすることもあります。希望した道に進むことができず、悔しい思いをしたり、将来が見えず不安なときを過ごすこともあります。代わり映えのしない日々が延々と続いて、うんざりすることもあるでしょう。仕事や人間関係で悩んだり、大事な人との別れで悲しい思いをしたり、中年期以降は衰えや老いを実感して侘しくなることもあります。それらはソナタにたとえれば、主題以外の部分です。主題のメロディーだけではソナタにならないように、人生においては苦しんだり悩んだりすること、おもしろくないことや平凡なことも、重要な一部分なのです。

「苦しみも必要だ」とまで言ったら、言い過ぎかもしれません。しかし、苦しいときがあるからこそ幸せな時間が貴く、ありがたく感じられるというのも真実でしょう。平凡で退屈なときがあるから、楽しい時間がより一層輝きを増して感じられるのでしょう。幸せなときと苦しみのとき、それらが織りなされて一つになって、すばらしい人生をつくり上げているのです。

あるオーケストラのコントラバス奏者が次のようなことを言っていました。

「コントラバスのパートはリズムが単調で、一人で練習していると飽きてしまう。音が低いので、寂しい気持ちになることもある。しかし音楽にはリズムが欠かせない。そして、低音があるからこそメロディーが生かされ、オーケストラの演奏は全体としてすばらしいものになる」

苦しいときやつらいときには、「今、自分はどの楽器を奏でているのだろうか」と想像してみてはいかがでしょうか。「ソナタでいえばどの部分を演奏しているのだろう」と考えてみるのもいいでしょう。そして、ソナタでは必ず、主題のメロディーが形を変えて何度も繰り返されるということ。その主題は、曲全体をとおして奏でられているということも、ぜひ思い出してください。

今、苦しみのさなかにあったとしても、いずれ、幸せはいろいろな形でやって来ます。私たちの人生は全体として見ると、「幸せ」という名のソナタ曲だからです。絶望せずに、未来に希望をもってそのソナタ曲を自分自身の手ですばらしく仕上げられるように、努力していきたいものです。

ろうそくの光

闇に打ち克つキリストの光

皆さんは復活祭の前夜に行われる復活徹夜祭に行かれたことがありますか。復活徹夜祭は荘厳な「光の祭儀」で始まります。明かりが消えて真っ暗になった聖堂に、「復活のろうそく」が行列とともに入ってきます。復活のろうそくは、復活されたキリストと永遠のいのちの象徴です。その復活のろうそくの火から、侍者や会衆の持つろうそくに一本、また一本と火が移されていきます。最初は小さかった火が少しずつ少しずつ広がって、最後には聖堂全体をあたたかな金色の光で包むのです。その光景は神秘的で感動的で、そこに集う人々の心が喜びと幸せで満たされる瞬間です。

私たちの人生にも、先が見えず苦しい闇の時期が訪れることがあります。しかし、闇は闇のままで終わることはない。キリストの光は必ず闇に打ち克って、明るい希望に満ちた時をもたらしてくれるということを、光の祭儀は象徴的に表しているのです。

ところで、復活のろうそくを間近でご覧になったことがあるでしょうか。ろうそくには「十字架」と、ギリシャ語の「α（アルファ）」と「Ω（オメガ）」、その年の西暦が描かれています。復活のろうそくにこのような装飾が施されるようになったのは、十二世紀ごろからのようです。十字架はもちろんイエスの受難を表します。アルファとオメガは、聖書の中では万物の始まりと終わりを意味し、永遠の神とイエスを指しています。そして西暦は、イエスの死と復活が二千年前の過去の出来事ではなく、今生きている私たちもその復活にあずかることができるということを表しています。

それと復活のろうそくには、ロウで作られた小さなピンのようなものが五つ、刺してあります。これは「香粒《こうつぶ》」と呼ばれるもので、ろうそくに描かれた十字架上の五カ所に刺すことになっています。五カ所とは、十字架に架けられたイエスの頭、右手、左手、足、そして胸に当たる部分。つまりイエスが傷と痛みを受けたところを示しています。復活のろうそくは、復活徹夜祭から聖霊降臨までの復活節の間と、洗礼式と葬儀ミサで使われるので、方々に動かしているうちに香粒が外れて落ちてしまうことがあります。しかも、香粒の意味を知らない人がゴミと勘違いして捨ててしまう——なんていうことも少なくありません。もしも床に落ちているのを見かけたときは、どうぞ復活のろうそくに刺しておいてください。

光の子として歩む

ろうそくは教会の典礼に欠かせない聖品ですが、私が子ども時代を過ごした第二次大戦後、今から七十年ほど前までは生活の必需品でした。戦争直後は電気の供給が安定していなかったせいか、よく停電になりました。そんなときは、家族でろうそくを囲んで食事をしたものです。当時は今のようにテレビやビデオがなかったので、近所の人たちが乏しい食料を持ち寄って裏庭に集まり、ダンスをしたり歌を歌ったりおしゃべりをしたりするのが唯一の娯楽でしたが、そんなときも人の輪の中心にはろうそくの明かりがありました。

ろうそくを眺めていると、人間の人生とよく似ているなと思います。ろうそくは実用品として機能するだけでなく、光と明るさを周りに与え、癒し、喜び、希望を与えてくれます。私たちもただ漫然と日々を過ごすのではなく、周りを明るく照らし、癒しや喜びや希望を与え、光となる。それがこの世に生を受けた意味であり、この世で果たしていくべき使命だと思うからです。

ろうそくに火を灯すと、だんだんと短くなっていきます。芯は黒く焦げ、溶けたろうが周りに筋のように垂れてしまいます。たとえば復活のろうそくなら、きれいに描かれた十字架や、αやΩといった装飾も剥げて、新品のときの美しさや立派さは失われてしまいます。だからといって飾っておくだけでは意味がありません。燃やしてこそ、ろうそくは生かされるのです。

人間も同じです。生まれたばかりの赤ちゃんは肌もみずみずしく、エネルギーに満ちあふれています。しかし歳をとると肌はたるみ、皺は深くなり、背中や腰が曲がって小さくなってしまいます。老いるとはそういうことです。しかしそれは侘しいことでも醜いことでもありません。むしろ、周りを明るく照らし、光やあたたかさを与えながら一生懸命に生き抜いた証しです。美しくすばらしく、貴い姿にほかなりません。

私の母は九十五歳で亡くなったのですが、そのとき、私はドイツに戻って葬儀ミサの司式をさせてもらいました。ミサが始まる前、安らかな母の表情を眺めながら、しばらくの間、その人生を思い巡らしました。

母はいつも家族のことを考え、家族のために働き、その心は家族へのあふれんばかりの愛でいっぱいでした。私たち家族はその愛に包まれて、あたたかさと喜びと幸せを感じながら過ごすことができました。母はずっと主婦でしたから、後世に名を残すような大きな仕事はしませんでした。でも、家族に愛と光を与えるすばらしい人生を歩んだのです。

ミサに行くと、祭壇にろうそくが灯っています。ろうそくを見たら、少しの間、自分の生活を振り返ってみてください。「私は周りを明るく照らしているだろうか。周りの人にあたたかさと喜びを分け与えているだろうか」と。

大きくて立派なろうそくになる必要はありません。私の母のようにささやかなろうそくでも、その光は周りをあたたかく照らすことができるのです。私たちの周りには病気で苦しんでいる人、大切な人を亡くして悲しんでいる人、仕事や家族のことで悩んでいる人がたくさんいます。そういう暗闇の中にいる人たちの光になることができるように、祈りましょう。

エフェソの信徒への手紙にこうあります。「あなたがたは、以前には暗闇でしたが、今は主に結ばれて、光となっています。光の子として歩みなさい」（5・8）

私たち一人ひとりが光の子として歩んでいくことができたら、社会ももっと明るく輝いていくことでしょう。

ハルテルンの十字架

向こう岸にイエスさまが！

私が育ったドイツの町、ハルテルンの宝物のお話をしましょう。今から七百年ほど前。十四世紀のある日のこと。川の近くで仕事をしていたお百姓さんたちは、向こう岸のほうに大きな木の枝のようなものがあることに気づきました。それは川の流れとは逆方向にゆっくりと流れているようにも見えました。不思議に思って確かめに行ってみると、木の枝ではなく、なんと十字架でした。

「大変だ！」、お百姓さんたちは十字架を岸に引き上げようとしましたが、なにしろそれは大人の男の人の背と同じくらい大きかったので、簡単には上がりません。みんなで力を合わせて、岩にぶつけないように、落とさないように気をつけながら、やっとのことで水から引き上げました。

その十字架は少し変わった形をしていました。いちばん変わっていたのは、十字架につけられたイエスの両腕が斜め上に上がっていることでした。それはまるで、天に向かって手を伸ばしているかのように見えました。十字架の横木も、イエスの腕と同じ角度で斜め上に上がっており、その横木に、円柱状の短い木片がいくつもはめこまれていました。まるで若枝が生えているかのように。そしてイエスの頭の後ろには、薄くて平たい円い板のようなものもついていました。それはまるでイエスが光を放っているかのようでした。

お百姓さんたちは自然に十字架に向かって手を合わせ、しばらく祈ってから、十字架を皆でかついで教会に急ぎました。教会の神父は十字架を一目見て、とてもすばらしいものだと感じました。そして言いました。

「届けてくれてありがとう。イエスさまが私たちの町に来てくださったのですね。みんなで大切にしましょう」

神父はイエスの顔や体についている泥や枯れ草をきれいに拭い、十字架を祭壇の後ろの壁に掲げました。翌日からは、話を聞いた町民が次々と教会にやって来て、「なんとすばらしいイエスさまだ」「よく来てくださった」と讃え、喜び、祈りをささげていきました。こうしてハルテルンに流れ着いた十字架は人々の祈りに包まれました。

小さな町に起きた大きな奇跡

しかしそうした出来事も次第に忘れられ、十七世紀には祭壇を新しいものに替えることになった関係で、古い十字架は教会の倉庫にしまわれました。いつしか町の人々は、そんな十字架があったこともすっかり忘れてしまいました。

それから約百年後のある日。神父が用事のために倉庫のカギを開けて扉を開くと、隅のほうに淡い光が見えました。不思議に思って光のほうに行ってみると、そこには古い十字架があり、十字架上のイエスの手の傷が光っているではありませんか。神父は目をぱちくりさせながら、光を見つめました。

次に起きたのはもっとびっくりすることでした。「どうか私を大切にしてください」という小さな声が聞こえてきたのです。

神父は周りを見回しました。でも倉庫にはほかにだれもいません。声は扉の外から聞こえたわけでもなさそうです。十字架のイエスがしゃべったとしか思えませんでした。神父は倉庫を飛び出し、ほかの神父のところに走っていき、今あったことを報告しました。

その日から十字架は再び教会に飾られ、人々が祈りに訪れるようになりました。うれしいことや楽しいことがあった人は神を賛美し感謝をささげに、悩みや不安がある人は慰めと癒しを乞いに、苦しんでいる人は救いを求めに。

周辺の町や村からも巡礼者が訪れました。そのなかには、視力を取り戻して目が見えるようになった男の子、まったく歩けなかったのに自分で立ち上がって歩けるようになった子どもなど、奇跡にあずかった人がたくさんいました。

いつからかその十字架は「ハルテルンの奇跡の十字架」と呼ばれるようになりました。

今、十字架の周りには、祈りが聞き届けられた人たちが感謝のしるしとして残した銀色のメダルが、幾重にもかけられています。そのメダルの一つひとつが、イエスが私たちの喜びも苦しみもすべて包み込み、祈りを受け止めてくださったことを証ししています。

今日もハルテルンには多くの人が訪れ、慰めと癒しと恵みを授かっていることでしょう。

十字架は生命の象徴喜びと愛そのもの

ハルテルンでは毎年九月十四日に、この奇跡の十字架を掲げて盛大な祭りを行います。九月十四日はキリストの遺物とされる十字架が発見された日であるとの言い伝えから、カトリック教会では「十字架称賛」の祝日になっています。それにあわせてハルテルンの人々は奇跡の十字架を讃え祝うのです。

祭りの当日は町中が美しく飾りつけられます。方々で旗がはためき、街路樹や道の両脇には枝飾りや花が飾られます。各家の窓は聖画やペナント、玄関脇やポーチは花鉢などで彩られます。メインイベントは十字架の行列です。十字架を中央に、二千人近い大行列が町の中と周辺の畑に祝福を授けながら進みます。町中が笑顔と歓喜と幸せにあふれる一日です。私は子どものころからこの祭りが大好きでした。今考えてみると、十字架が喜びと恵みと幸福そのものであることを強く感じられたからでしょう。

十字架上のイエスの死は、確かに悲惨です。しかし、その死があったから復活があり、復活が永遠のいのちへとつながったのです。そしてその死のおかげで、私たち人間にも永遠のいのちへの道が開かれたのです。旧約聖書の創世記の二章に、永遠のいのちをもたらす「いのちの木」の話が登場しますが、イエスの十字架こそが私たちにとって「いのちの木」です。

ハルテルンの十字架の形にはそれが見事に表現されています。斜め上を向いた横木は、樹木の生き生きとした成長を感じさせます。この十字架の形が、古代ゲルマン民族の「命」という意味の象形文字と同じなのも興味深いことです。そして横木にはめこまれた小さな木片は、新芽のように新たな生命の息吹を感じさせます。

また、十字架上でのイエスの苦しみにも大きな意味があります。ご自身が身をもって体験されたからこそ、イエスは人間の痛みや苦しみや悲しみを理解し、癒しと救いを求める祈りに真剣に耳を傾けてくださるのです。そういうイエスを信じ、ともに歩んでいけることこそ、私たちの幸せです。

「ハルテルンの奇跡の十字架」

希望への道

エマオへ向かう二人の弟子

なぜ人生は苦しみの連続なのだろう。この苦しみからどうやって立ち上がればいいのだろう——ほとんどの方が一度ならず、そのように悩んだ経験があるのではないでしょうか。二千年前、イエスの死に直面した弟子たちの嘆きと苦しみはどれほどだったでしょう。拠りどころを失い、絶望し、深い闇につき落とされたと感じたはずです。

しかしそんな彼らも、再び希望を見つけて立ち上がり、力強く人生を歩み始めるときがやってきます。その後もさまざまな苦難に見舞われますが、もはや心から希望の光が消えることはなく、どんなときも喜びを胸に生き生きと、イエスの教えを人々に宣べ伝えていったのです。いったい、彼らの心をそこまで変えたものは何だったのか。ここで希望と再生ということについて考えてみたいと思います。

まずは聖書から、「エマオで現れる」（ルカ24・13〜35）という箇所をかいつまんでご紹介しましょう。この場面は、レンブラント、カラヴァッジオ、ベラスケスなど多くの画家がインスピレーションを得て、絵画に描いています。

エルサレムからエマオという村に向かって、イエスの弟子が二人、話をしながらとぼとぼと歩いていました。彼らは、「救い主」と信じていたイエスが十字架に架けられて亡くなったので、悲しみに沈んでいたのです。仲間の女性たちから「墓に行ってみたら遺体がなく、天使たちが現れて『イエスさまは生きている』と言った」という話を聞きましたが、その話を信じることができずにいました。

そこに突然、不思議な人が近づいてきて一緒に歩き始めました。実はそれは復活したイエスでした。しかし二人はそのことに気づきません。イエスは二人の話をじっと聞き、彼らの悲しみを受け止めてから、道々、聖書の話をしてくださいました。聖書に書かれている救い主のこと、イエスご自身のことなどです。それを聞くうちに、二人は少しずつ心が癒され、明るくなっていくのを感じ、エマオに着くとイエスに、「一緒に宿に泊まってほしい」と頼みました。もっと話を聞きたい、もっと親しくなりたいと思ったのです。

イエスは頼みを聞き入れ、宿でともに晩の食卓に着きました。そして、パンを取って、賛美の祈りを唱え、パンを割いて渡してくださったまさにそのとき、弟子たちは目が開け、一緒にいるのがイエスだということがわかりました。しかしその瞬間に、イエスの姿は見えなくなってしまいました。

「イエスさまと話をしているとき、聖書の話を聞いているとき、私たちの心は燃えていた」復活したイエスに出会ったことを確信した二人は、そのことを皆に告げ知らせようと、急いでエルサレムに引き返していったのでした。

絶望から希望へ　闇から光へ

大切な人の死など、衝撃的な出来事があると、私たちの心は麻痺して何も考えられなくなってしまいます。たとえばこの弟子たちは、生前のイエスから「救い主は苦しみを受けて栄光に入る」「死は終わりではなく新しい生命の始まりである」といった大事なことを教わっていたのですが、それを思い起こす余裕がありませんでした。それほどまでに取り乱し、傷つき、混乱した心を癒してくれるのは、人との交わり、人とのつながりであることをこのエマオのエピソードは教えてくれています。

とりわけ、自分と異なる価値観をもつ人との出会いは立ち直りへの重要なターニングポイントになり得るのです。皆さんの場合でいえば、親、先生、先輩、友人、教会の神父やシスターなどでしょうか。心から信頼のおける人と出会い、その人の話に耳を傾けるのは大切なことです。自分の価値観と異なる話は、最初、抵抗があるかもしれません。相手を「不思議な人」「奇異な人」「妙な人」といった目で見てしまうかもしれません。しかし、そういうときは頑《かたく》なにならず、思い切って自我を壊してみることです。自分の価値観や考え方に固執している限り、いつまでたっても生き方を変えることはできません。それは今の苦しみからなかなか抜け出せないということでもあります。ですから、勇気を出して相手を受け入れ、その価値観をよく味わってみるのです。

そして本当の意味で心が癒されるのは、相手と心の深いところで真の交流ができたときです。エマオのエピソードでは、それがイエスとともに囲む食卓の場面で描かれています。

「パンを割いて渡す」という行為に象徴されるのは、相手への深い愛、相手を大切に思う心、相手と大切なものを分かち合う姿勢でしょう。そのような愛に満ちた体験をしたとき、私たちの心の目は開かれるのです。肉体的な目で見えるのは物事の表面に過ぎませんが、心の目はその奥にある本質、本当のすばらしさ、真の美しさを見ることができます。

心の目が開かれたエマオの弟子たちは、何を見いだしたでしょう。イエスはどこまでも自分たちとともに歩み、永遠に傍らにいて支え導いてくださるという、恵みと慈しみを見たのです。私たち自身にとってもこれこそが大いなる希望です。希望によって、私たちは前へと歩んでいくことができるのです。

さて、今、皆さんはどの地点にいるでしょうか。エマオへの道にあてはめて考えてみてください。悲しみに沈みながら、とぼとぼ歩いていますか。それとも、異なる価値観をもった人と出会ったでしょうか。だれかと愛を分かち合うような深い体験をしていますか。

だれの人生にも、失望や落胆を感じることが多々あります。しかし、闇を知っていればこそ、光の輝きに気づくこともできるのです。

どんなときも希望の光を見つめ続けられるように、願い求めましょう。

第七章　恵みに満たされて

聖母マリアとともに

ある老神父の教え

三十年ほど前、カトリックの男子校で教師をしていた私は、学年末試験が終わった時期に、高校二年生の生徒十三人を連れて、広島・長束《ながつか》にあるイエズス会の黙想の家に出かけました。六人の生徒がまもなく洗礼を受けることになっていたので、洗礼準備のために、三日間の黙想をすることにしたのです。最終日に、私は聖霊について話をしました。

「聖霊とは、神さまの愛です。神さまの愛が私たちの心に注がれると、人を深く愛する心になり、寛大でやさしい心になり、人間として大きく変わるのです」

まさにそのような心の神父が、当時、長束の黙想の家にいらっしゃったのです。ヨゼフ・メスネル神父です。メスネル神父はアルプス生まれのオーストリア人で、当時九十歳でした。イエズス会の宣教師として来日したのは、二十六歳。一九二〇年前後のことです。

まだ外国人向けの語学学校や語学教材などもなく、じゅうぶんな日本語教育を受けることができなかった時代ですから、ずっと言葉の苦労が絶えず、読み書きはもちろん、会話をするにも大変な努力をされていました。しかし現実には、メスネル神父の導きによってたくさんの方々が召命の恵みを受け、司祭やシスターになる道を選んだのです。まさにそれは、神父さまの心が聖霊で満たされていたしるしでしょう。

人間にとって本当に大切なのは、上手に話したり難しい知識を理解したりすることではなく、神に向かって心を大きく開くことです。そして心に聖霊をいただき、愛とやさしさで満たし、他者を深く愛する人間になっていくことです。メスネル神父は、それを自らの生き方で示された方でした。

私たちが黙想を終えて帰る朝、そのメスネル神父がわざわざ見送りに出てきてくださいました。そして、聖母マリアと福音記者ヨハネの話をしてくださったのです。

ヨハネが十字架の下に立つことができたわけ

福音記者ヨハネは、ヨハネ福音書の作者とされている人物です。

イエスの弟子のなかではいちばん若く、イエスが十字架に架けられたときは十八歳くらいでした。年長の優秀な弟子たちが皆、怖がって逃げてしまうなかで、ヨハネだけは聖母マリアと一緒に十字架の下に立ち、イエスを最期まで見守ったと聖書は伝えています。数々の絵画でも、イエスが十字架に架けられた場面は描かれていますが、そこには必ずといっていいほど、聖母マリアと福音記者ヨハネが描かれています。

ヨハネと同じくらいの年齢の生徒たちに向かって、メスネル神父は突然、話し始めました。

「あのね、皆さん。聖書にも書かれていない、どこにも書かれていない話ですよ。でも、私は思います。ヨハネもほかの弟子たちと同じように、逃げてしまったのです。やっぱり、恐ろしかったのですよ。どこに逃げたと思いますか」

生徒たちは首をかしげたり、互いに顔を見合わせたり、「うーん」と言いながら考え込んだりしていました。メスネル神父は続けました。

「ヨハネは、聖母マリアのところに逃げたのです。マリアさまは自分の息子が有罪になったことを知って、じっとしていられなかったはずです。母親だから当然です。それでヨハネに、『イエスさまのところに行こう! 一緒に行こう!』と言って、ヨハネの手を引っ張って十字架のところに連れて行ったんですよ。ヨハネ一人では何もできなかったけれど、聖母マリアが一緒にいてくださったから、ヨハネは十字架の下に立つことができたのです」

そして最後に、生徒たちにやさしく言われました。

「あなたがたも、聖母マリアを大切にしなさい。そうすれば、どのような十字架の下にも立つことができますよ」

いつもマリアさまがいる

病気の苦しみ、人間関係の悩み、家庭の問題、経済的な不安、仕事のトラブル。私たちは皆、それぞれの十字架を負っています。人生というのはある意味で、次々と現れる十字架の連続のようなものです。しかしその十字架に、私たちはたった一人で立ち向かうわけではありません。隣にはいつも聖母マリアがいます。

一瞬たりとも子どものことを忘れずに、寄り添い、手を差し伸べる。それが母の愛です。子どもが感じている痛みや悲しみを、何も聞かなくても理解し、ともに苦しみ、ともに涙を流す。それが母のやさしさです。皆さんのお母さんもきっとそうでしょう。そういう母の象徴である聖母マリアが、十字架の下に一緒に立ってくださるのです。それは大きな支えであり、慰めであり、大きな癒しです。

母の力は計りしれません。奇跡かと思われるような出来事を起こすこともあります。冒頭で述べたように、長束の黙想には六人の洗礼志願者が参加したのですが、そのうちの一人の生徒の母親はカトリックの信徒でした。彼女は息子が生まれてからずっと、本人が自ら望んで洗礼を受ける日がくるようにと、毎日、神に祈り続けていたそうです。その祈りが通じたのです。子どものために十七年間、一日も欠かさずに祈ることができる母。なんと愛にあふれた存在でしょう。

私たちも恐れることはありません。聖母マリアを信じて、一日一日を大切に歩んでいけばいいのです。どんなときも何があっても、聖母マリアがともにいてくださるのですから。

たんぽぽの畑

口うるさい厳しい教師だったころ

約二十年前、南ドイツを旅したときに、なだらかな山の斜面に広がるたんぽぽ畑に出会いました。あちらこちらで黄色の花が揺れて、とてもロマンチックな光景でした。私は迷わずたんぽぽ畑の真ん中に立ち、友人に写真を撮ってもらいました。その写真は今でもアルバムに入れて大切にしています。実は私にとって、たんぽぽは特別な花です。私が所属するイエズス会の先輩で、すぐれた霊操指導者だったアントニー・デ・メロ神父がつくった「たんぽぽ」という題名のショートストーリーがあります。『小鳥の歌』(女子パウロ会刊)という本に収められたその話が、私の教師人生に重要な転機をもたらしたからです。

「あるところに見事な芝生の庭をもっている人がいました。その人にとって美しい芝生は誇りでした。ところが、芝生にたんぽぽが生え始めました。その人はあらゆる方法でたんぽぽを抜こうとしましたが、たんぽぽは次から次へと生え続け、芝生を荒らしてしまいました。その人は悩み、『たんぽぽを取り除く方法を教えてください』と農林省に手紙を出しました。しばらくすると次のような返事が届きました。

『たんぽぽを愛してあげてください』

その人は、心を込めてたんぽぽに話しかけるようにしました。初めのうち、たんぽぽは不機嫌そうに黙ったままでしたが、だんだんと微笑み返してくれるようになりました。もう少したつと、返事をしてくれるようになりました。そしてまもなく、その人とたんぽぽは良い友達になりました。庭は、前よりももっと愛らしくなりました」

私がこの話を読んだのは、男子校の教師になって六年ほどたったころでした。当時の私は厳しくて口うるさく、生徒の言動、生活態度や勉強態度、服装などの乱れを見つけると、ただちに注意して正さないと気がすまないような人間でした。生徒たちを愛しているからこそ、立派な人間に育てたい。そのためには甘やかさず、厳しく指導しなければならない。そう考えていました。常識や倫理や正しい知識を教えること、生徒を一点の曇りもない完璧な人間に育てること、それが教師である私の使命だと思っていたのです。

そういうころに読んだのが、「たんぽぽ」の話でした。完璧な芝生をつくることしか考えず、たんぽぽを必死で抜いているのはまさに私でした。私はいつの間にか愛することを二の次にして、完璧さを追求することに執着していたのです。

短所も含めて愛し、過ちを犯すことがあっても徹底的にゆるし、愛する。それが神の人間への愛です。私たちも同じように他者を愛さなければなりません。もっとも大事な愛を忘れ、小言ばかり言っていた自分が情けなくて仕方がありませんでした。生徒一人ひとりの顔が脳裏に浮かび、申し訳ない気持ちでいっぱいになりました。

愛し、励まし、癒し合う関係に

教師にとってもっとも大切な使命は、教育することではありません。生徒を愛することです。常識や知識を教えたり、誤りを正したりすることは大事ですが、愛にまさるものは何一つありません。私は生徒との接し方を変えました。厳格な監督者のような態度をやめ、親しい関係をつくるために一緒に過ごす時間を増やしたのです。休み時間に生徒と一緒に運動をしたり、放課後や休日に部活動やボランティア活動をしたり。夏休みに海の家に行って合宿し、一緒に泳いだりボートに乗ったり、何時間も話を聞いたりしました。

宿題をしてこない生徒たちに声をかけ、放課後に補習をしたこともあります。何回か続けているうちに、他の生徒も「一緒に勉強したい」と言うようになり、最終的に大勢の生徒が参加する楽しい勉強会になりました。生徒たちは血気盛んでいたずら盛りの十代の若者ですから、間違った行動をすることも少なくありません。もちろんそのときは指導が必要ですが、指導方法も工夫をしました。高圧的に叱るのではなく、彼らが誤った行動をすると私がどう感じるかを説明するようにしたのです。

たとえば、午後の授業が始まったのに、昼食のパンの包み紙などが床に散らかっていたら、「一緒に気持ちよく授業をしようと思っていたのに、教室が汚れているとがっかりするよ」といった具合です。

すると生徒たちは私を落胆させたことに気づいて、すぐに掃除をし、それからは授業が始まる前に率先して教室をきれいにするようになりました。生徒たちも、周りの人を失望させたり不快にさせたくはないのです。本当は喜ばせたいのです。また私は、生徒を褒めたり励ましたりする機会も多くするように心がけました。注意するときも、褒め言葉や励ましを挟み込むようにしました。「いつもは朝礼のときにきちんと整列できるよね。どうして今日はできないんだろう。次はがんばろうね」、こんな具合です。

人間というのは、小さくて弱い存在です。だから批判や小言ばかり聞かされていると、どんどん自信を失ってしまいます。愛情をきちんと表してもらったり、時々褒めたり励ましてもらい、心を癒してもらうことが必要なのです。そうすると自信が戻って、また元気に生きていくことができます。褒め言葉や励ましには、能力を引き出す効果もあります。今までできなかったことが、褒められた途端、できるようになることもあるものです。

私が厳しい態度で接していたころ、生徒たちは私に向かって反発や反抗することが多かったのです。私に小言を言われると、自分の人間性が非難されていると感じて、反発や反抗という形で自己防衛していたのです。しかし良い関係が出来上がってくると、生徒たちの態度が変わってきました。笑顔が増え、やさしくなっていったのです。思春期でありながら、反抗的な態度もほとんどしなくなりました。人間的な成長を遂げてくれたのです。私もまた教師として人間として、彼らに成長させてもらうことができました。

教師と生徒だけでなく、家族、夫婦、友人、あらゆる人間関係においてもっとも大切なのは、相手を愛することです。そして励まし合い、癒し合うことです。それを続けていけばきっと美しい絆ができ、お互いにすばらしい人間に成長できるはずです。

マリアという星

ドイツの風習「星の歌い手」

私の母国のドイツでは、毎年一月六日に「聖なる三人の王の祝日」をお祝いします。イエスがベツレヘムで生まれたとき、三人の学者が東方からお祝いに訪れたことを記念する祝日です。聖書に「学者」「博士」と書かれている三人が、「王」とも呼ばれるようになったのは、二世紀ごろのある神学者の解釈に由来するといわれますが、子どもたちもこの日は王さまに扮し、マントを羽織り、冠をかぶります。そして三人一組で家々を回り、聖歌をプレゼントするのです。先頭の子どもが大きな星のついた杖をもって先導するので、この風習は「シュテルンジンゲン」(星の唄歌い)。子どもたちのことは「シュテルンジンガー」(星の歌い手)と呼ばれています。

シュテルンジンゲンはドイツで古くから続く風習ですが、第二次大戦後は単なるお祭りではなく、恵まれない人々への献金を集めることが主目的になりました。毎年献金のテーマが決められ、「タンザニアの子どもたちの健康促進」「アフリカに井戸を掘る」といったように、海外に送られるのが一般的です。参加する子どもは全国で数十万人。当日の朝、ミュンヘンでは首相による盛大な出発式も行われます。

シュテルンジンガーたちは訪問した家の扉にチョークで、その年の西暦と「C＋M＋B」というアルファベットを組み合わせた印を書き残していきます。いろいろな書き方があるのですが、二〇一八年なら「20＊C＋M＋B＊18」「20・C＋M＋B・18」といった具合です。「C＋M＋B」の意味には、二つの説があり、一つは、三人の学者の名前とされるカスパル、メルヒオール、バルタザールの頭文字という説。もう一つは、「キリストがこの家を祝福しますように」という意味のラテン語（Christus Mansionem Benedicat）の略という説です。どちらにしても、シュテルンジンガーの訪問はその家族にとっての大きな恵みと喜びになるのです。ちなみに三人の学者の聖遺物は、ドイツのケルン大聖堂に安置されています。

さて、三人の学者が星に導かれて旅をしたように、古来、人間はさまざまな場面で星を導き手にしてきました。古代エジプトでは、星を観測して季節の移り変わりを把握し、ナイル川の氾濫時期をほぼ正確に予測して、農作物の植え付けや収穫に役立てていました。また、羅針盤ができるまでは、砂漠や海洋などを長距離に移動する際に天文学の知識が欠かせませんでした。砂漠の民であるアラブ人は夜空の星を頼りに旅をする経験が豊富だったので、天文学や占星術に非常に長けていました。

のちに彼らは星や太陽や月の動きを利用して地図や海図を作る方法を考え出し、スペインやポルトガルに伝授。それが両国の海洋技術を飛躍的に発展させました。十五世紀まで、ヨーロッパ人は陸地に沿って航海することはできても、大洋を横断することができずにいたのですが、海洋技術が進歩したおかげでコロンブスが大西洋を渡って新大陸発見するという、歴史的な偉業が生まれたのです。

マリアの姿に倣って生きる

私たちもそれぞれ、人生という旅路を歩んでいます。人生の旅人である私たちはどのような「星」にしたがって、どのような「星」を見つめて歩んでいけばいいのでしょうか。いろいろな星があると思いますが、私から皆さんに一つ提案したいのは、「イエスを抱く聖母マリア」の姿です。人間はだれでも、愛されたい、癒されたい、守られたいという三つの根源的な望みを抱いています。その根源的な望みは必ず満たされる、そして私たちは幸福になるということを、聖母子の姿は示しているからです。

聖母マリアの愛は、いつもだれに対してもやさしさとあたたかさにあふれ、細やかです。たとえば、いとこのエリサベトが身ごもったことを知ったとき、マリアは急いで彼女のもとに駆けつけ、世話をしました（ルカ1・39～）。このとき、マリアのお腹にもイエスがいました。電車も飛行機もない時代に、身重で旅することはどれほど大変だったでしょうか。自らの労苦は顧みず、助けを必要としている人がいればその人を気遣い、すぐに手を差し伸べる、それが聖母マリアです。

婚礼の席ではお祝いのぶどう酒が足りなくなったことにいち早く気づき、イエスに執り成しをしました（ヨハネ2・1～）。その執り成しは一度拒絶されてしまいますが、マリアはあきらめず、今度は召し使いのところへ行って、「この人が何か言いつけたら、そのとおりにしてください」と頼み、成就します。マリアは主をひたすら信頼し、困っている人を見捨てることなく守ってくれる方です。

聖母マリアの腕に抱かれた幼子イエスは、私たち一人ひとりです。マリアはイエスの母ですが、私たち一人ひとりにとっての母でもあります。母の愛は無条件で無限です。私たちが苦しんでいるとき、困っているとき、悩んでいるとき、マリアは私たちを抱きしめ、支え、手を差し伸べてくださいます。私たちはマリアのその愛と慈しみを信じて歩んでいけばいいのです。

同時に、マリアは私たちの生き方のお手本です。助けを求めている人を決して見捨てない、決して裏切らない。何が起きても、あきらめずに主の恵みを信じる。そのような生き方を目指して歩んでいくことが、「イエスに近づいていく」ということです。三人の学者たちは何千キロも旅をしてベツレヘムに行きましたが、私たちはどこか特別な場所に行く必要はありません。今いる場所で、周りにいる人々を大切にし、愛することが「イエスに近づき、イエスと会う」ということです。

イエスに会うためには特別なお土産も必要ありません。他者のために行った愛——たとえそれが、挨拶する、微笑む、礼儀正しくするといったささやかな愛であっても、かけがえのない贈りものになるからです。愛する心は、イエスの恵み。それぞれの人生を一生懸命に歩むことも、イエスの恵みです。

三本の釘

囚われたなかでの歓喜の祈り

ポール・クローデルは、二十世紀のフランス文学を代表する劇作家で詩人です。彼は十八歳のクリスマスの夜、パリのノートルダム大聖堂で衝撃的な回心を体験しました。ミサの後、群衆の中に立っていたときに突然、「神は存在する。彼は私と同じ人格でそこにいる。彼は私を愛している。私を呼んでいる！」という確信を得たのです。それ以後、クローデルは決して揺らぐことのない信仰をもち続け、キリスト者の視点をとおして数々のすぐれた作品を生み出していきました。

代表的傑作として名高いのが、『繻子《しゅす》の靴』という戯曲です。優秀な外交官でもあったクローデルは、大正時代に五年半ほどフランス駐日大使を務めたのですが、『繻子の靴』はその日本在任期間に書かれた作品で、大航海時代のスペイン、アフリカ、アメリカ、そして日本を舞台に、道ならぬ恋に落ちた男女が神の摂理にかなう愛を志向していくというストーリーです。全編上演すると八時間を超える超大作なので、なかなか劇場にかからないのですが、私は幸運にも鑑賞の機会に恵まれたことがあります。すばらしい演出に、時間を忘れて観入ったことを覚えています。なかでも私が心奪われたのは、冒頭のシーンでした。

舞台上に現れたのは、ボロボロの難破船。海賊に襲われ、乗組員も乗船客も皆殺しにされたなかで、唯一生き残ったのはイエズス会の神父でした。しかし彼も今、傷だらけの姿でマストに縛り付けられ、遠からず死ぬ運命にあります。そのような状況にありながら、彼は次のような歓喜の祈りを神にささげるのです。

「主よ、私を縛ってくださったことに感謝します。これまでの私は、あなたの命令に逆らうこともありました。しかし今、私は主と固く結ばれています。縛られて何もできませんが、今こそ私は自由です。神にこのいのちをささげることができます。私はきょうだいたちのために祈ることができます」

クローデルは十字架のイエスに思いを重ねながら、このシーンを書いたのではないでしょうか。不自由のなかに自由がある——これは逆説的な真理ですが、いのちをかけてこの真理を私たちに教えてくださったのはイエスその人です。

十字架につけられたイエスは、出かけていって人々に直接教えを説くこともできず、傷ついた人のところに行って直接手当てをしたり、病を治すこともできなくなりました。痛みと苦しみで身動きすらできなかったでしょう。物理的な自由は完全に奪われたのです。

しかし、だれも心の自由を奪うことはできませんでした。イエスは十字架の死と復活をとおして、もはや何ものにも妨げられることなく、すべての人々に愛を注ぎ、苦しんでいるすべての人に癒しと救いを与えることができるようになりました。時代も空間も民族も何もかも超えて、私たち皆に寄り添い、ともに永遠に歩んでくださるようになりました。不自由の身になったことによって、真に自由になり、真に大切なことができるようになったのです。

イエスを見つめ心を自由にする

修道院の私の部屋には、一つの十字架が掛かっています。二十代で誓願を立てたときに修練長にもらったもので、表には磔刑のイエス、裏には三本の釘が描かれています。三本の釘が何を表すかは、皆さんもすぐに想像がつくでしょう。イエスの右手、左手、足を十字架に打ちつけた釘です。右手、左手、足というのは、人間がもつ欲求を象徴しています。右手は「自由欲」、左手は「所有欲」、そして足は「性欲」の象徴です。この三つの欲求は人間が根源的にもっているもので、人間の生存には不可欠です。また、積極的に生きていくための原動力にもなっています。しかし度が過ぎると、逆に欲に支配されることになります。

たとえば自由欲。わかりやすくいうと、他の支配や束縛から逃れて、自分の意思に基づいて自由に行動したいという欲求です。自由への欲求があるからこそ、自立心を高めたり、社会的地位の向上や社会の改善のために努力することができます。しかし行き過ぎれば、ルールや法や倫理を無視した行動に走ってしまいます。犯罪や戦争は、いつも自由の乱用によって起こされるのです。所有欲は労働意欲を喚起してくれます。私たちは労働することでお金を得、生活を営み、労働によって社会を豊かにすることができます。しかし所有欲が強すぎれば、モノに執着し、時間や労力のすべてをモノを手に入れるために費やしたり、人さえも自分の所有物のように扱うでしょう。性欲は、種の保存のために欠かすことができません。また、男女が互いへの愛を表現する手段でもあります。しかし行き過ぎれば相手を傷つけ、人格を踏みにじる暴力になってしまいます。

つまりこれらの欲求が行き過ぎると、人は自己中心的になり、思いやりややさしさといった内面の豊かさや精神の気高さはなおざりにされてしまいます。金銭やモノや時間や性によって征服されて自分を見失い、かえって不自由になってしまうのです。

真の自由とは、したいことを気の向くまま、好き勝手にすることではありません。物質的な欲望や不安や執着から離れて、内面的に解放されることです。富や権力の軛《くびき》を断ち、心を愛で満たし、その愛を周りの人々に分け与えることです。イエスがもっとも大切にし、自ら行動で示し、そして私たちに教えようとしたのはそのことにほかなりません。

欲求をもつことは決して悪いことではありません。しかし、知らず知らずのうちに欲がふくらむということは、だれにでもよくあることです。だからこそ私たちは時々意識して十字架のイエスを見つめながら、自分自身の心のなかを覗いてみなければいけません。そして行き過ぎた欲望を見つけたら、それを釘で打ちつけて断つことです。そうすることができたとき、私たちは真の自由を手に入れ、平安な心で生きていくことができるのです。

マザー・テレサ（コルカタの聖テレサ）の祈りに、「主よ、今日一日、貧しい人や病んでいる人を助けるために、私の手をお望みでしたら、私のこの手をお使いください。主よ、今日一日、友をほしがる人々を訪れるために、私の足をお望みでしたら、私のこの足をお貸しいたします」とあります。手と足を自分の欲望のためではなく、人々を愛するために使えるよう、祈り求めていきましょう。

イエスのみ心

イエスのみ心とは神の心そのもの

カトリック教会では、六月を「イエスのみ心」の月としてお祝いしています。イエスのみ心への信心が始まったのは中世のころからです。当時の人々はイエスの受難、とくに脇腹の傷に思いを寄せて祈ることが多かったといいます。この傷は、十字架に架かって亡くなったとき、兵士が死を確認するために槍で突きさしてできたもの。何の罪もなかったのに、すべての人を救うためにいのちをささげたイエスの無限の愛の象徴です。

そのような時代のなか、一六七〇年の半ばに聖母訪問会のシスター、マルガリタ・マリア・アラコックのもとにイエスが数回にわたって現れました。このときのイエスも脇腹に傷がありました。傷からは心臓が露わに見え、心臓には人間の罪の象徴である茨の冠が絡みついていました。そして、傷口からは愛の炎があふれ出ていました。

イエスはマルガリタに言いました。

「ご覧なさい、私の心を。私は人々を愛し、救うために、何一つ惜しまず多くの苦痛を耐え忍びました。それなのに人々はこの愛に無関心になり、受けた恵みを忘れています。私のみ心への信心を広めなさい」

マルガリタはイエスのみ心を宣べ伝えるために大変な努力をしましたが、妨害や反対にあってなかなかうまくいきませんでした。しかしイエズス会の司祭たちの協力もあって次第に広まり、一八五六年、教皇ピオ九世が「聖体の祝日」の次の金曜日を「み心の祝日」と制定。それ以降、すべてのカトリック教会でイエスのみ心をお祝いするようになったのです。

イエスのみ心とはどのような「心」なのでしょうか。一言で言えば、私たち人間への限りない燃えるような愛です。それは神の心そのものと言えると思います。

イエスのみ心については、聖書の中でさまざまなエピソードをとおして描かれています。すぐに思い出されるのは、徴税人のザアカイの物語でしょう（ルカ19・1〜10）。当時、徴税人は人々から軽蔑され嫌われていましたが、イエスは何の差別もせず何の偏見ももたずに、ザアカイに「あなたの家に泊まりたい」と声をかけます。イエスのこのやさしさが、ザアカイの心を開かせたのです。

ヤイロという人の幼い娘が亡くなったときには、彼女を生き返らせ、嘆き悲しんでいたヤイロやその家族を慰めました（マルコ5・21～43）。十字架に架けられたときには、母マリアと若い弟子ヨハネの将来を案じて、いたわりの言葉をかけました（ヨハネ19・25～27）。イエスの死と復活を信じられずにいるトマスには、傷ついた手や脇腹を差し出して触らせ、トマスの疑念や戸惑いを取り去ってくれました（ヨハネ20・24～29）。

悩み苦しんでいる人、悲しみに暮れている人、力のない子ども、社会からのけ者にされている人。弱く小さな人々にやさしいまなざしを注ぎ、無条件に愛し、どこまでも寄り添ってくれるのがイエスのみ心です。

私たちに永遠のいのちをくださった

ところで、磔刑は古来多くの画家によって表現されていますが、十字架の下にしゃれこうべが描かれることが少なくありません。ジョット、フラ・アンジェリコ、エル・グレコ、メッシーナなどの磔刑画などもそうです。ほかにもいろいろあるので、機会があったら探してみてください。このしゃれこうべは、処刑場であるゴルゴタの丘を意味していますが、同時にアダムの骨でもあるのです。

神がご自分に似せて土から形づくってくださったアダムは、悪魔の誘惑に負けて善悪の知識の実を食べるという罪(原罪)を犯し、エデンの園から追われて死を与えられました。その結果、すべての人間が死を運命として受け入れざるを得なくなったわけです。この罪から人間を救ってくださったのが、ほかでもないイエスその人です。

イエスは十字架に架かることによって、アダムの罪によって神から離れてしまった私たち人間を救い、復活という神秘の業をとおして私たちにも同じように永遠のいのちを与えてくださったのです。

パウロはイエスのことを、「第二のアダム」と考えました。そして、「アダムによってすべての人が死ぬことになったように、キリストによってすべての人が生かされる」(一コリント15・22)、「『最初の人アダムは命のある生き物となった』と書いてありますが、最後のアダムは命を与える霊となったのです」(同15・45)と述べています。

また、六世紀の神学者、聖エピファニウスは美しい散文を書き残しています。十字架上で亡くなったイエスが死の国に下り、人々を光の国へと導き出して救いの業を行いながら、その人々の中にいるアダムにこう語りかけるのです。

アダム、起きなさい。あなたは、私の似姿として造られました。死のために造られたのではなく、生きるために造られたのです。

あなたのために造り主は被造物となり、主である私はあなたのために僕になりました。天にいた私は地に降りてきて、地の下に葬られました。あなたは楽園から追い出されました。私も園で裏切られましたが、園で葬られて園で復活しました。

あなたは手を木に伸ばして罪を犯しましたが、私は手を木に伸ばしてあなたを救いました。あなたが眠っている間に、あなたのわきのあばら骨からいのちあるものの母エバが生まれ、私が十字架上で眠っている間に、脇腹の傷から母なる教会が生まれました。

人間はだれでも例外なく、死に直面しなければなりません。しかしエピファニウスが言うように、私たちは死ぬために造られたわけではありません。死という運命を負わされましたが、イエスの深く大きな愛によってその運命も贖われ、死を超えて生き続けるいのちに替えられたのです。

六月は、木々や草花のみずみずしい生命を感じる季節です。私たちも美しいいのちの存在であることを感じながら、それをくださったイエスのみ心に思いを寄せて、感謝のうちに過ごしたいと思います。

あとがき

星野和子

ギュンタ・ケルクマン神父さまが急性骨髄性白血病で帰天されたのは、二〇一八年五月十五日、火曜日の朝のことです。その二日前の十三日までは教会でふだんどおり仕事をされ、十四日朝に入院。そして、翌日には天に召されてしまいました。

私がケルクマン神父さまと初めてお会いしたのは約七年前。文学や演劇や芸術に造詣の深かったケルクマン神父さまは、ご自分でも詩や童話、お芝居の脚本などを書かれていましたが、そのほとんどは公にされていなかったので、「せっかくだからどこかで発表しませんか」と申し上げ、二〇一四年四月から始まったのが、本書のもとになった『カトリック生活』誌の連載でした。神父さまが帰天された後、読者の方々から「一冊の本に」という声が寄せられたそうですが、神父さまも生前、「単行本にならないかなぁ」と言われたことがありました。そんなことを思い出し、お元気な間に単行本化しておけばよかった、と後悔したこともありましたが、多くの方のリクエストでこのような素敵な本が出来上がったことを、神父さまは天国で感謝し、喜んでくださっていると思います。

私が聞き書きとしてかかわったアルフォンス・デーケン師の『より良き死のために 死への準備教育の創始者が伝えたいこと』（ダイヤモンド社刊）は企画から完成までに四年近くを要したのですが、その間、いろいろな面でサポートし、励ましてくださったのがケルクマン神父さまでした。本が完成したときはまるで自分のことのように喜んで、方々に宣伝もしてくださいました。『より良き死のために』の中では、大切な人を亡くしたときの悲嘆について詳しく紹介していますが、ケルクマン神父さまという導き手を失った私自身が今あらためて、死別の悲嘆の深さ、悲嘆から立ち直ることの難しさと大切さを痛感しています。読者の方のなかにもそのような気持ちを抱いている方は少なくないと思います。

「そんなに寂しがってくれるなんて、うれしいねぇ」、ケルクマン神父さまなら、素直にそう表現してくださるような気がします。しかし、続けてこう諭してくださるに違いありません。「でも、私たちが頼るべきはイエス・キリスト、ただ一人でしょう」

本書の「ろうそくの光」という話の中に、「私たちの人生にも、先が見えず苦しい闇の時期が訪れることがあります。しかし、闇は闇のままで終わることはない。キリストの光は必ず闇に打ち克って、明るい希望に満ちた時をもたらしてくれる」とあります。神父さま自身、「人生最大の危機」を感じたことが二度あり、そのときは祈ることもミサで慰めを感じることもできなくなったのだそうです。「神父」という身でそれがどれほど苦しいことだったか。また、教会での司牧を志していたにもかかわらず、叙階後の四十二年間は教職や管理職を務めていらっしゃいましたから、希望と現実の狭間で葛藤し、悩んだことが多々あったことでしょう。

しかし私の記憶のなかにある神父さまは、いつも笑顔です。それはどんなときも、どれだけ深い悩みを抱えているときでも、いつも光を探しながら光だけを見つめて歩んでこられたからに違いありません。本書に収められた話はすべて、神父さまの人生揮――イエスとともに歩まれた人生そのものです。私たちもそれに倣って、これからの人生を歩んでいくように努められたらと思います。

神父さまはとてもおしゃべり好きで、『カトリック生活』誌の打ち合わせでも話がどんどん広がって、なかなか終わりませんでした。実は亡くなられたその日に、次の号の内容を相談する予定になっていました。入院先の病院に向かう車中で、同行の山岡三治神父さまに「次はどんなテーマにしたらよいだろうか」と相談されていたと伺いました。まだまだ伝えたいことがたくさんあったことでしょう。それを聞くことはもうかないません。

私はこの七年近く、神父さまからいろいろな話を伺ってきました。信仰深かったご両親のこと、教会学校で学んでいたころのこと、イエズス会を志したときのこと。連載でご紹介できなかった話がたくさんあります。まっすぐに神に向かって笑顔で日々を送っていた神父さまの生き方も拝見してきました。それらをとおしてケルクマン神父さまから学んだことを今後も伝えていくことができればと思います。どうか皆さまも神父さまから教わったことや神父さまから聞いた話、そして神父さまの生き方を語り伝えていってください。

最後になりましたが、ご多忙のなか、本書の出版にお力添えをくださったイエズス会の山岡三治神父さまに心からの感謝と御礼を申し上げます。また、「カトリック生活」誌の連載時から大変お世話になったドン・ボスコ社の金澤康子さん、ありがとうございました。

そしてケルクマン神父さま、どうもありがとうございました。またお会いで来る日を楽しみにしています。同かその日まで、天国でご活躍ください。

（ほしの・かずこ　フリーライター）

❖著者略歴

ギュンタ・ケルクマン

イエズス会司祭。1942年、ドイツ生まれ。63年にイエズス会入会。ドイツのベルクマンス大学で哲学を専攻。67年、大学卒業と同時に来日。69年から鎌倉市の栄光学園にて教職に就く。74年、上智大学神学部修士課程修了、中学・高等学校の教員免許（英語、宗教）を取得。東京にて司祭叙階。76年、米国ジョージタウン大学で言語学修士号を取得。77年から神戸市の六甲学院中・高等学校教諭、91年より学校法人六甲学院理事長。同時期に神戸市のイエズス会六甲学院の修道院院長を務める。97年より福岡市の泰星学園教諭、学校法人泰星学園常務理事。2003年より愛知県瀬戸市の聖カピタニオ女子高等学校校長。2010年10月、宗教法人「カトリックイエズス会」財務担当責任役員。2017年よりカトリック麹町教会（東京都）助任を務め、霊操指導に携わっていた。2018年5月15日帰天。

❖カバー画・文中イラスト

小出美樹（こいで・みき）

喜《よろこ》びと出《で》会《あ》うとっておきのおはなし

2019年7月30日　初版発行

著　者　ギュンタ・ケルクマン

発行者　関谷義樹

発行所　ドン・ボスコ社
〒160-0004　東京都新宿区四谷1-9-7
TEL03-3351-7041　FAX03-3351-5430

装　幀　幅 雅臣

印刷所　株式会社平文社

ISBN978-4-88626-655-2
（乱丁・落丁はお取替えいたします）